UM ENSAIO SOBRE A CONSTITUIÇÃO DA EUROPA

Título original:
Essay zur Verfassung Europas

© Suhrkamp Verlag, 2011
Todos os direitos reservados e controlados através da Suhrkamp Verlag Berlin.

Prefácio © José Joaquim Gomes Canotilho e Edições 70, Lda., 2012

Tradução:
Marian Toldy e Teresa Toldy

Revisão:
Pedro Bernardo

Capa: FBA

Depósito legal n.º 341846/12

Biblioteca Nacional de Portugal – Catalogação na Publicação

HABERMAS, Jürgen, 1929-

Ensaio sobre a constituição da Europa.
- (Extra-colecção)
ISBN 978-972-44-1700-4

CDU 061
321.01

Paginação:
MJA

Impressão e acabamento:
PAPELMUNDE, SMG, LDA.
para
EDIÇÕES 70, LDA.

Março de 2012

Direitos reservados para todos os países de língua portuguesa
à excepção do Brasil
por
EDIÇÕES 70, Lda.
Rua Luciano Cordeiro, 123 – 1º Esqº – 1069-157 Lisboa / Portugal
Telefs.: 213190240 – Fax: 213190249
e-mail: geral@edicoes70.pt

www.edicoes70.pt

Esta obra está protegida pela lei. Não pode ser reproduzida,
no todo ou em parte, qualquer que seja o modo utilizado,
incluindo fotocópia e xerocópia, sem prévia autorização do Editor.
Qualquer transgressão à lei dos Direitos de Autor será passível
de procedimento judicial.

PREFÁCIO
JOSÉ JOAQUIM GOMES CANOTILHO

UM ENSAIO SOBRE A CONSTITUIÇÃO DA EUROPA

JÜRGEN HABERMAS

ÍNDICE

Prefácio
José Joaquim Gomes Canotilho 9

Nota da edição original 19

Preâmbulo 21

O conceito de dignidade humana e a utopia
realista dos direitos humanos 27

A crise da União Europeia à luz de uma
constitucionalização do direito internacional
Um ensaio sobre a Constituição da Europa 59

    I. Por que motivo a Europa é, hoje,
       verdadeiramente, um projeto constitucional 61

    II. A União Europeia perante a decisão entre a
       democracia transnacional e o federalismo
       executivo pós-democrático 73

    III. Transformação da comunidade internacional
       em comunidade cosmopolita 115

Anexo: A Europa da República Federal da Alemanha... 135

    I. Depois da bancarrota 137

    II. No euro decide-se o destino da União Europeia . 153

    III. Um pacto para ou contra a Europa? 163

Referências 175

PREFÁCIO

1. Um ano depois de os médicos o terem proibido de ler e de escrever, Jürgen Habermas retoma o caminho do desassossego. Com efeito, foi a doença que o impediu de vir a Portugal para participar no Centenário da Implantação da República. Mas a inquietação pela Europa – «Europa, Europa», «Ai, Europa» – ([1]) obriga-o sempre a estar presente, arranjando forças para continuar o seu longo e brechtiano impulso de melhorar a Europa e o mundo([2]). Olha para os fragmentos e as transições que vão enchendo o «vale da morte» da política, sem que seja descortinável a «espada mágica» ou o «contrafeitiço» indispensáveis à magia da razão. A imagem de uma «Europa sem Europa» espicaça as suas inquietações. Outro remédio não tem senão o de utilizar os seus «meios para tentar eliminar os bloqueios conceptuais que continuam a existir em relação a uma transnacionalização da democracia, colocando a unificação europeia no contexto de longo prazo de uma jurisdição democrática e de uma civilização do poder estatal».

([1]) "Ach, Europa" é o título de um ensaio inserido em *Kleine Politische Schriften* XI, Frankfurt/M, 2008.

([2]) Jürgen Habermas saúda outro grande "Maître Penseur" da nossa contemporaneidade – Ronald Dworkin – aludindo ao "testemunho comovedor deste impulso brechtiano de melhorar o próprio país".

2. O desassossego é próprio de um «utópico» de longo curso. Na entrevista que concedeu a Thomas Assheuer([3]) revela a sua «maior inquietação», o desassossego a cavar fundo na sua implantação cidadã traduz-se neste grito de alma: «A minha maior preocupação é a injustiça social, que brada aos céus, e que consiste no facto de os custos socializados do falhanço do sistema atingirem com maior dureza os grupos sociais mais vulneráveis». A injustiça social paga-se, não com dólares, libras ou euros, mas com a «moeda forte da existência quotidiana». Longe de ser uma precipitação transitória de sistema, a injustiça ameaça resvalar para um «destino punitivo» global. Toda esta tragédia humana – este «escândalo político», este «darwinismo social», este «programa de submissão desenfreada do mundo da vida aos imperativos do mercado» – é acompanhada de um «enfado com a política» ao qual não é alheia a ascensão ao poder de uma «geração desarmada em termos normativos», incapaz de assumir objetivos, causas e esperanças.

3. O que fazer neste quadro de «melancolia hopperiana» das longas filas de casas abandonadas? Como ultrapassar a política da «normalidade social», tornada «ridícula» pela sua hipocrisia moralista? Como levar a sério a «possibilidade real de um fracasso europeu»?([4]) Jürgen Habermas sugere o caminho: pensar a pessoa, pensar a sua dignidade, pensar os povos, pensar a **dignidade destes**, pensar a dignidade da pessoa humana,

---

([3]) Inserido no "Anexo: A Europa da República Federal da Alemanha" (p. 76 ss).

([4]) Vide a confissão de Habermas no introito ao "Anexo: a Europa da República Federal da Alemanha". "Naquela altura, apercebi-me, pela primeira vez, da possibilidade real de um fracasso do projeto europeu".

pensar a **dignidade dos povos**. No estudo inicial – «O conceito de dignidade humana e a utopia realista dos direitos humanos» – coloca-nos perante esta intriga: «Por que razão é a referência aos "direitos humanos" no direito muito anterior à referência à "dignidade humana"?» A carreira tardia do conceito de dignidade humana no âmbito do direito constitucional e do direito internacional parece sugerir que a ideia de direitos humanos só surge pesadamente carregada de dignidade humana no contexto histórico do Holocausto. O «fardo moral do conceito de dignidade», obrigatoriamente presente em qualquer exercício da «razão anamnéstica»([5]) leva o autor a tentar compreender a assimetria temporal entre a «história dos direitos humanos» e o aparecimento do «conceito de dignidade humana» e a defender uma tese particularmente sugestiva. Consiste esta tese na «defesa da existência, desde o início, de um estreito nexo concetual» entre os dois conceitos, embora inicialmente apenas implícito. Se os dois conceitos andaram desligados durante muito tempo, isso não significa a inexistência de uma ligação profunda entre *direitos humanos* e *dignidade humana*. É esta dignidade a «fonte moral» da qual se alimentavam os conteúdos de todos os direitos fundamentais e é radicação dos

---

([5]) A "razão anaméstica" é um tópico importante no pensamento habermasiano. Ela está presente na sua tese sobre o "patriotismo constitucional" e nos vários textos incidentes sobre religião, teologia e racionalidade. Ver, por exemplo, "Israel ou Atenas. A quem pertence a razão anamnéstica? Johann Baptist Metz e a unidade na pluralidade multicultural" (trad. cast. e edição de Eduardo Mendieta, *Israel o Atenas. Ensayo sobre religión, teologia y racionalidade*, Madrid, 2011, p. 183. Interessante é também a entrevista conduzida por Eduardo Mendieta e publicada em *Tiempo de Transiciones*, Madrid, 2004, com o título "Un diálogo sobre Dios e el mundo".

direitos nesta ponte moral que «explica a força explosiva do ponto de vista político de uma utopia concreta».

A «substância normativa» radicada na «igual dignidade humana de cada um» revela toda a potencialidade praxeológica quer quando os tribunais têm de decidir sobre o «cálculo do direito a prestações sociais», como o subsídio de desemprego ou o subsídio de reintegração social, quer quando se descobre, em sede de legislação democrática ou de tratados internacionais, o «nexo lógico» entre as várias categorias de direitos. Em termos mais pregnantes: a dignidade humana é a mesma «em todo o lado e para todos», justificando a *indivisibilidade* dos direitos fundamentais. A «força utópica», a «utopia concreta» surge ligada à mensagem ético-moral da dignidade: «os direitos fundamentais só podem cumprir politicamente a promessa moral de respeitar a dignidade humana de todas as pessoas se agirem em articulação uns com os outros de forma igual, em todas as categorias». Mas não se trata apenas de uma «promessa moral». Como «Janus», os direitos têm duas faces – uma moral e outra jurídica –, carecendo de institucionalização e de positivação sob a forma de direitos subjetivos.

4. O «Ensaio sobre a Constituição da Europa» que forneceu a inspiração do título do livro e surge como sub-epígrafe do trabalho «A crise da União Europeia à luz de uma constituição do direito internacional» permite a Jürgen Habermas tentar «uma narrativa nova e convincente, a partir da perspetiva de uma constitucionalização do direito internacional, que, associando-se a Kant, aponta para uma futura situação jurídica cosmopolita, muito para além do *status quo*». Não é a primeira vez que o Autor aborda a perspetiva kantiana de um direito civil mundial e a constitucionalização do

direito internacional. Com efeito, em trabalhos anteriores, as problemáticas da «paz perpétua», a «chance» da constitucionalização do direito internacional e a viabilidade de uma constituição política numa sociedade mundial pluralista haviam merecido importantes abordagens reflexivas([6]). Porquê esta fome «sem entretém» pela Europa e o seu destino? A resposta clara e incisiva é esta: (1) porque o debate atual sobre a Europa se restringiu e continua a restringir «às saídas imediatas para a crise bancária, monetária e da dívida, perdendo de vista a dimensão política»; (2) os conceitos políticos incorretos ocultam a força civilizadora da juridicização democrática – e, portanto, também o compromisso associado desde o início ao projeto constitucional europeu. Políticos e economistas colocados perante a única saída possível – «mais Europa» –, insistem nos conhecidos erros de construção da União Europeia. «Mais Europa» implica um aprofundamento das competências e não o caminho saturado de um existencialismo político errante que vai desde os compromissos assumidos em cimeiras, ineficazes e não democráticas, até à aceleração da «perda de solidariedade a nível europeu». Mais do que isso: olham para os ditames dos «grandes bancos e agências de notação» e não para o desfalque legitimatório perante as suas próprias populações. E, em vez de se levar a sério um projeto europeu, opta-se por caminhos ínvios. Ensaia-se, sem o dizer, um esquema de «federalismo executivo». Oculta-se a «importância histórica do projeto europeu» por ser impopular e complexo, navegando-se aos sabores dos populismos internos. Como sintetiza Habermas, instalou-se um estranho fenómeno de *acatalepsia* onde se mistura ceticismo, dúvidas não

---

([6]) Os trabalhos de J. Habermas estão referidos na nota 49.

metódicas, incapacidade de compreender. As elites político-económicas sentem-se confortáveis com «incrementalismos», mas teimam em não assumir a *força civilizadora do direito democrático*. Tão-pouco parecem compreender o «regresso da questão democrática», sendo óbvio que os Estados pagam a governação baseada na intergovernabilidade com o decréscimo dos níveis de legitimação democrática. Por isso – e admitindo a inevitabilidade de transferência de direitos de soberania do Estado para outras instâncias de soberania – torna-se indispensável um «requisito forte» para a justificação da incontornável transnacionalização da soberania do povo. Jürgen Habermas desenvolve com mestria argumentativa este «requisito forte» – «o espaço de manobra da autonomia cívica só não fica reduzido se os cidadãos do Estado em causa participarem na legislação supranacional, em cooperação com os cidadãos dos outros Estados envolvidos, e isto de *acordo com um procedimento democrático*». Na argumentação habermasiana não há lugar para esquemas sucedâneos (esquema de *Ersatz*) da legitimação democrática. Trata-se de justificação deliberativa de reforço da responsabilidade decisória, da imposição de transparência ou de publicidade crítica, da garantia dos princípios do Estado de direito. Nada substitui a participação democrática e o procedimento democrático.

5. A tarefa de estabilização democrática, indispensável a «mais Europa», exige também um esforço de conceptualização do processo de juridicização democrática do poder político na União europeia. Não é este o lugar para acompanharmos as complexas questões – de direito constitucional, de direito internacional e de direito europeu – quanto a este processo de juridicização. Vê-se que Jürgen Habermas não deixou de convo-

car a literatura mais representativa sobre o tema. O fio discursivo capta reflexivamente as invocações do processo de legitimação europeu: a prioridade do direito supranacional em relação ao direito nacional dos detentores do monopólio da coação física, a divisão do poder constituinte entre cidadãos da União e povos europeus, a soberania partilhada como critério para os requisitos de legitimação da União. Interessa, porém, reter a cuidadosa análise do papel dos cidadãos, dos povos e dos Estados quanto ao «processo de juridicização democrática» da governação para além do Estado nacional. O Estado – essa tecnologia razoável que uns teimam em ontologizar e outros tentam colocar nas mercadorias próprias da concorrência global – é recuperado por Habermas em termos delicadamente hegelianos. É sabido que três instâncias «actantes» e acionalistas – cidadãos, povo, Estado – são convocadas de forma muito diversa para explicar concetualmente a estruturação constituinte da União Europeia. Por amor ao estado, alguns enfatizam o patriotismo nacional e identificam constituição com estado. Outros, navegando no cosmopolitismo sem fronteiras, preferem esquemas de regulação global para além do estado-nacional. A linha argumentativa habermasiana sugere um outro modo de articulação dos sujeitos constituintes – *os cidadãos* da União e os *povos* europeus – com os *Estados-Membros* da União. «Os Estados nacionais – escreve o Autor – enquanto Estados de direito, não são apenas atores no longo caminho histórico para a civilização do núcleo de poder do domínio político. Eles também são conquistas permanentes e formas vivas de uma "justiça que existe" (Hegel). Por isso, os cidadãos da União podem ter um interesse legítimo em que o seu Estado nacional *continue* a desempenhar o papel comprovado de garante do direito e da liberdade, mesmo quando assume o papel de Estado-Membro». E não deixa de ser importante o papel atribuído aos Estados como neutralizadores de «evoluções reacionárias» ou de «retrocesso social». «Os Estados nacionais são mais do que a mera materialização de culturas nacionais dignas de preservação; eles *garantem* um nível de justiça e liberdade que os cidadãos desejam, com toda a razão, ver preservado».

6. Uma democracia transnacional não assenta apenas em esquemas de legitimação democrática. Quaisquer acordos institucionais degradar-se-ão em cascas vazias da política se não acentuarem as dimensões profundas democrático-igualitárias veiculadoras da *solidariedade* entre «cidadãos dispostos a responsabilizar-se uns por outros» e a assumir a «disponibilidade para também fazer sacrifícios, com base numa reciprocidade de longo prazo». As «elites políticas hesitantes» – eis outro dos tópicos assinalados por Habermas – além de nem sempre pouparem sarcasmos típicos de inferioridades cívico-culturais («os Gregos que vendam as ilhas», «os Portugueses que se juntem ao Brasil»), parecem ficar enredadas nos segredos das várias comitologias europeias. «O fato de a União Europeia ter sido, até agora, essencialmente sustentada e monopolizada por elites políticas, gerou uma assimetria perigosa entre a participação democrática dos *povos* naquilo que os seus governos «conquistam» para eles no palco de Bruxelas – que consideram muito longínquo – e a indiferença, se não mesmo desinteresse, dos *cidadãos da União* no que diz respeito às decisões do seu Parlamento, em Estrasburgo. Todos sabemos: com «indiferença», «desinteresse» e «distância» não se constroem democracias – muito menos transnacionais. O resultado é, sim, um buraco

negro, vulgarmente designado por «déficite democrático» da União Europeia. Este «déficite democrático» corre o risco de se converter «num arranjo para o exercício de um domínio pós-democrático e burocrático». A crise do euro pôs a claro o «clube dos ilusionistas» e revelou os pontos fracos do Tratado de Lisboa. Este Tratado não dota a UE de meios para enfrentar os desafios que se lhe colocam enquanto União Económica e Monetária. O que é preciso não é apenas ultrapassar as barreiras institucionais, mas exigir «uma alteração radical no comportamento das elites políticas. Devem estar menos voltadas para «relações públicas» e «incrementalismo dirigido por peritos» e mais preocupadas com a coesão económica e social da Europa. Não há como não acompanhar J. Habermas no seu credo europeu: «é necessária uma coesão política reforçada pela coesão social, para que a diversidade nacional e a riqueza cultural incomparável do biótopo "velha Europa" possam ser protegidas no seio de uma globalização que avança rapidamente».

7. Na última parte do «Ensaio sobre a Constituição da Europa», Jürgen Habermas regressa ao tema da *constitucionalização do direito internacional* e aos problemas de legitimação de uma sociedade mundial devidamente conformada. No fundo, tratar-se-ia da continuação da «juridicização democrática», agora no plano global, ou, por outras palavras, que são as do Autor, da «constituição de uma comunidade de cidadãos do mundo». A nível concetual e construtivista, procura-se dar operacionalidade à *democracia cosmopolita*. Como é sabido, a construção habermasiana é criticada por muitos e acusada de ser uma «fantasmagoria» normativa própria de um espírito utópico. Em rigor, a narrativa haberma-

siana não parte do nada nem inventa lugares povoados por fantasmas. Desde a Carta das Nações Unidas e do seu núcleo organizacional até às decisões do Conselho de Segurança seria (será) possível prosseguir com a civilização do exercício do poder político. Mas, como o próprio Autor reconhece, a «ligação dos cidadãos do mundo» e a partilha de «cultura política» implicaria a eleição para um Parlamento mundial autoconformado como *locus* da inclusividade mas desprovido de mecanismos de imputação de responsabilidade parlamentar na cadeia de juridicização democrática da política mundial.

8. O livro termina com um Anexo, onde se inclui uma entrevista concedida ao jornal *Die Zeit* («Depois da Bancarrota»), com artigo publicado neste mesmo jornal («No euro decide-se o destino da União Europeia») e um terceiro trabalho publicado no jornal *Suddeutsche Zeitung* («Um pacto para ou contra a Europa». Qualquer tentativa de sintetizar estes trabalhos correria o risco de tornar escuro aquilo que é claro. Leia-se a voz do profeta «contra o tédio face a uma *exigência* política *insuficiente*».

Coimbra, fevereiro de 2012
JOSÉ JOAQUIM GOMES CANOTILHO

NOTA DA EDIÇÃO ORIGINAL

A persistência da crise do euro, assim como as reações hesitantes, muitas vezes populistas, por parte dos políticos tornam o fracasso do projeto europeu uma possibilidade real, hoje em dia. Jürgen Habermas defende a Europa contra um ceticismo crescente, opondo-lhe, simultaneamente, uma narrativa nova e convincente a favor da história e, sobretudo, do futuro da União Europeia. Habermas elimina bloqueios de pensamento relativos à transnacionalização da democracia, inserindo o processo de unificação no contexto da juridicização e civilização do poder estatal a longo prazo. Por fim, faz um apelo aos políticos para que estes transformem, finalmente, um projeto europeu, concretizado, até à data, à porta fechada, no modo simples de uma luta de ideias, com argumentos sonoros e aberto ao vasto público.

Para além do «Ensaio sobre a Constituição da Europa», este volume inclui o artigo «O Conceito de Dignidade Humana e a Utopia Realista dos Direitos Humanos», do ano de 2010, assim como três intervenções que o autor publicou desde a erupção da crise financeira. Jürgen Habermas é Professor aposentado de Filosofia na Johann Wolfgang Goethe-Universität, em Frankfurt am Main. Publicações mais recentes: *Ach, Europa* (2008) e *Philosophische Texte. Studienausgabe in fünf Bänden* (2009) [*Obras Escolhidas de Jürgen Habermas*, em 5 volumes].

PREÂMBULO

Assistimos, desde 2008, aos processos de aprendizagem penosos por parte do Governo federal alemão, que se aproxima, contrariado e em pequenos passos, da Europa. Por fim – passados dois anos e meio de insistência inicial em ações nacionais individuais, de regateio em torno do mecanismo de resolução de crises, de sinais equívocos e concessões adiadas –, parece impor-se a ideia de que o sonho ordoliberal de critérios de estabilidade resultantes de acordos voluntários a ser seguidos pelos orçamentos nacionais dos Estados-Membros fracassou. O sonho de «mecanismos» que tornariam desnecessária a constituição de uma vontade política comum e que deveriam controlar a democracia desfez-se não só devido a diferentes culturas económicas, mas, sobretudo, por causa da existência de ambientes imprevisíveis em rápida mudança. Hoje, todos falam de «erro de construção» de uma união monetária à qual faltam as necessárias competências políticas de controlo. No entanto, o Governo alemão continua a insistir num elemento deste mundo concetual agora desfeito: a ideia, estranhamente autoritária, de educar através de acordos assumidos voluntariamente, mas associados a sanções efetivas.

Segundo os planos em circulação recente, a governação comum dos dezassete Estados da zona euro deverá concretizar-se no círculo dos chefes de Governo, portanto, num «núcleo» do Conselho Europeu. Este órgão dirigente não pode adoptar quaisquer decisões vinculativas do ponto de vista jurídico, pelo que a reflexão se concentra no tipo de sanções a aplicar aos governos «desobedientes». Mas quem deve, propriamente, impor a quem obediência em relação às decisões e com que conteúdo? Após o alargamento e a flexibilização dos rígidos critérios de estabilidade, que transformaram estes últimos no evocador «Pacto para a Europa», as decisões do Conselho Europeu deveriam estender-se ao vasto espectro de todas as políticas que podem influenciar a competitividade global de economias nacionais díspares. Portanto, os acordos europeus interfeririam em domínios fundamentais dos Parlamentos nacionais – desde a política financeira e económica, passando pela política social, até à política de ensino e de mercado de trabalho. Ao que parece, o procedimento deveria funcionar do seguinte modo: os chefes de Governo arranjariam maiorias nos seus respetivos Parlamentos nacionais sob ameaça de punição, a fim de conseguirem impor politicamente todos os objetivos. Esta espécie de federalismo executivo de um Conselho Europeu dos Dezassete automandatado seria o modelo para o exercício do poder pós-democrático.

Tal como seria de esperar, este esvaziamento intergovernamental da democracia é confrontado com resistência de dois lados. Os defensores do Estado nacional vêm confirmados os seus piores receios e entrincheiram-se ainda mais por detrás das fachadas da soberania estatal, há muito mutilada. Porém, na crise atual, perderam o apoio de um lóbi económico, interessado, até à data, em preservar, tanto quanto possível, a moeda única, assim como o mercado comum, de intervenções políticas. Do outro lado, levantam a voz os defensores, há muito calados, dos «Estados Unidos da Europa», que, na realidade, com esta ideia enfática prestam um péssimo serviço à própria intenção de começar a levar por diante a integração do núcleo duro da Europa, uma vez que, deste modo, a oposição legítima ao caminho escarpado para um federalismo executivo burocrático se enreda numa alternativa sem perspetiva entre Estado nacional e Estado federal europeu. O federalismo vago, que nega de forma indeterminada esta falsa alternativa, não é melhor.

Ao debruçar-me sobre a «constituição» – portanto, sobre o estado atual e a Constituição política – da Europa, pretendo, por um lado, mostrar que a União Europeia do Tratado de Lisboa não está assim tão longe da configuração de uma democracia transnacional como afirmam muitos dos seus críticos. Por outro lado, gostaria de explicar por que razão não é possível eliminar o erro de construção da união monetária sem uma alteração do Tratado. A coordenação, agora prevista, das decisões dos Estados da UME em campos políticos importantes necessita de uma base de legitimação mais alargada. Mas a constituição de um Estado federal não é o modelo certo para uma democracia transnacional deste tipo. Se considerarmos a União Europeia como algo criado, por boas razões, por dois sujeitos constituintes com os mesmos direitos, nomeadamente, de forma igual, pelos cidadãos (!) e pelos povos de Estados (!) europeus, reconhecemos a arquitectónica de uma comunidade supraestatal e, no entanto, democrática. Portanto, só precisamos de tirar as consequências corretas da evolução, sem precedentes, sofrida pelo direito europeu nos últimos cinquenta anos.

As elites políticas ainda hesitam perante o grande obstáculo de uma revisão constitucional. Esta hesitação não se explica apenas com base em interesses oportunistas de manutenção do poder e com a falta de capacidade de liderança. Os receios produzidos pela economia tornam os problemas da Europa mais presentes na consciência das populações e atribuem-lhes uma importância existencial maior do que nunca. As elites políticas deveriam encarar este impulso invulgar à problematização como uma oportunidade e reconhecer o caráter excecional da situação atual. Mas os políticos também se transformaram, há muito, em elites funcionais: deixaram de estar preparados para uma situação que escapa à abordagem administrativa habitual a reboque das sondagens, exigindo uma forma de política diferente, uma forma que forja mentalidades.

Gostaria de utilizar os meus meios para tentar eliminar os bloqueios concetuais que continuam a existir em relação a uma transnacionalização da democracia, colocando a unificação europeia no contexto de longo prazo de uma juridicização democrática e de uma civilização do poder estatal. Esta perspetiva deveria tornar claro que a pacificação das nações belicosas, isto é, o objetivo que motivou, depois da Segunda Guerra Mundial, não só a fundação das Nações Unidas, mas também a unificação europeia, criou a base para um objetivo mais abrangente, nomeadamente, para a construção de capacidades de ação políticas além dos Estados nacionais. A constitucionalização do direito internacional deixou, há muito, de ser orientada para a pacificação que estava também no início da evolução para a União Europeia. A implosão das ilusões neoliberais facilitou a compreensão de que os mercados financeiros, aliás, até os sistemas funcionais da sociedade mundial que extravasam as fronteiras nacionais, criam situações problemáticas que deixaram de poder ser resolvidas por

Estados individuais, ou por coligações de Estados. Esta necessidade de regulação representa, em certa medida, um desafio para a política como tal, para a política no singular: a comunidade *internacional* dos Estados tem de evoluir para uma comunidade *cosmopolita* dos Estados e dos cidadãos do mundo.

O Ensaio sobre a Constituição da Europa é precedido de um ensaio (já publicado numa revista especializada) que analisa a relação entre o conceito sistemático de direitos humanos e o conceito genealógico de dignidade humana. «Genealógico» significa que a experiência da dignidade humana violada promove uma dinâmica ativa de indignação que oferece constantemente um impulso para a esperança numa institucionalização mundial, ainda que improvável, dos direitos humanos. No entanto, a perspetiva de uma sociedade política mundial perde um pouco da sua aparência utópica quando nos lembramos que, de facto, a retórica e a política dos direitos humanos desenvolveram, há poucas décadas, uma eficácia global. A diferença, cheia de tensão, entre direitos civis e direitos humanos revela, implicitamente, já desde os dias da Revolução Francesa, a pretensão de uma imposição de direitos iguais para todos. Esta pretensão cosmopolita significa que o papel dos direitos humanos não se esgota na crítica moral das relações injustas de uma sociedade mundial altamente estratificada. Os direitos humanos necessitam de encarnação institucional numa sociedade política mundial. As três intervenções documentadas em anexo podem ser lidas como comentários sobre a imagem da Europa refletida na perceção centrada sobre si mesma da Alemanha reunificada.

Starnberg, início de setembro de 2011,
Jürgen Habermas

O CONCEITO DE DIGNIDADE HUMANA E A UTOPIA REALISTA DOS DIREITOS HUMANOS

O artigo 1.º da Declaração Universal dos Direitos Humanos, adoptada pelas Nações Unidas no dia 10 de dezembro de 1948, começa com a seguinte frase: «Todos os seres humanos nascem livres e iguais em dignidade e em direitos.»([1]) O Preâmbulo também refere simultaneamente a dignidade humana e os direitos humanos, reafirmando a «fé nos direitos fundamentais dos seres humanos, na dignidade e no valor da pessoa humana»([2]). A Constituição da República Federal da Alemanha, aprovada há sessenta anos, inicia-se com um capítulo dedicado aos direitos fundamentais: o artigo 1.º começa, mais uma vez, com a seguinte frase: «A dignidade humana é inviolável.» Três das cinco Constituições dos estados federados alemães, anteriores à Constituição da República Federal da Alemanha, aprovadas entre 1946 e 1949, possuem formulações semelhante. A dignidade humana também desempenha, hoje, um

---

([1]) «All human beings are born free and equal in dignity and rights.» Na primeira frase do Preâmbulo exige-se, simultaneamente, o reconhecimento da «inherent dignity» (dignidade inerente) e dos «equal and inalienable rights of all members of the human family» (direitos iguais e inalienáveis dos membros da família humana).

([2]) «[T]he peoples of the United Nations have in the Charter reaffirmed their faith in fundamental human rights, in the dignity and worth of the human person [...].»

papel proeminente no discurso internacional sobre os direitos humanos, assim como na jurisprudência([3]).

A opinião pública alemã interessou-se pela questão da inviolabilidade da dignidade humana no ano de 2006, quando o Tribunal Federal Constitucional rejeitou a «Lei da segurança da aviação» aprovada pelo Parlamento federal (*Bundestag*), considerando-a inconstitucional. Na altura, o Parlamento tinha em mente o cenário do «11 de Setembro», portanto, o ataque terrorista às torres gémeas do World Trade Center; essa lei visava proteger um número indeterminado de pessoas ameaçadas em terra; para tal, pretendia autorizar as forças armadas a abater aviões de passageiros que, numa situação desse tipo, se tivessem transformado em bombas. No entanto, na opinião do Tribunal, a morte de passageiros causada por órgãos estatais seria inconstitucional. A obrigação de respeitar a dignidade humana dos passageiros tem precedência sobre a obrigação do Estado (segundo o n.º 2 do artigo 2.º da Lei Fundamental)([4]) de proteger a vida das potenciais vítimas de um atentado: «[a]o dispor unilateralmente das vidas por razões de Estado, é negado [...] aos passageiros aéreos o valor atinente ao ser humano em si»([5]). É impossível não ouvir nestas palavras do Tribunal o eco do impe-

---

([3]) Erhard Denninger, «Der Menschenwürdesatz im Grundgsetz und seine Entwicklung in der Verfassungsrechtsprechung» (manuscrito não publicado, 2009).

([4]) «Todos têm direito à vida e à integridade física.»

([5]) Tribunal Constitucional Federal, BvR 357/05 de 15 de fevereiro de 2006, n.º 124; sobre este acórdão, cf. Jochen von Bernstorff, «Pflichtkollision und Menschenwürdegarantie. Zum Vorrang staatlicher Achtungspflichten im Normbereich von Art. 1 GG», in *Der Staat* 48/2008, pp. 21-40.

rativo categórico de Kant. O respeito pela dignidade humana de todas as pessoas interdita o Estado de dispor de um qualquer indivíduo como meio para um outro fim, mesmo que seja para salvar a vida de muitas outras pessoas. O que é interessante é o facto de o conceito filosófico de dignidade humana, que surgiu já na Antiguidade e alcançou em Kant uma versão que continua a ser válida, só ter sido incluído em textos de direito internacional após o fim da Segunda Guerra Mundial. O mesmo se passou com as constituições nacionais que entraram em vigor posteriormente a esta. Há relativamente pouco tempo que este conceito também desempenha um papel central na jurisprudência internacional. Pelo contrário, o conceito jurídico de dignidade humana não aparece nem nas declarações clássicas dos direitos humanos, do século XVIII, nem nas codificações do século XIX[6]. Por que razão é a referência aos «direitos humanos» no direito muito anterior à referência à «dignidade humana»? Certamente, os instrumentos estruturantes das Nações Unidas, que estabelecem expressamente o nexo entre os direitos humanos e a dignidade humana, constituíram uma resposta manifesta aos crimes em massa cometidos sob o regime nazi, bem como aos massacres da Segunda Guerra Mundial. Isto explicará igualmente o valor preeminente que a dignidade humana também ocupa nas constituições pós--guerra da Alemanha, da Itália e do Japão, portanto, dos regimes sucessores dos autores desta catástrofe moral do século XX, e dos seus aliados? Será que a ideia dos direi-

---

[6] Cf. Christopher McCrudden, «Human dignity and judicial interpretation of human rights», in *The European Journal of International Law* 19/2008, pp. 655-724.

tos humanos só é carregada, e, possivelmente, sobrecarregada *a posteriori*, por assim dizer, com o fardo moral do conceito de *dignidade humana* no contexto histórico do Holocausto? A carreira tardia do conceito de dignidade humana nos debates no âmbito do direito constitucional e do direito internacional sugere esta ideia. Só existe uma exceção de meados do século XIX. A abolição da pena de morte e dos castigos corporais no artigo 139.º da chamada Constituição da Igreja de São Paulo (Pauluskirche), de março de 1849, é justificada do seguinte modo: «Um povo livre tem de respeitar a dignidade humana até mesmo dos criminosos.» [7] No entanto, esta Constituição, resultante da primeira revolução burguesa na Alemanha, não entrou em vigor. Seja como for, a assimetria temporal entre a história dos *direitos* humanos, que remonta ao século XVII, e o aparecimento recente do conceito de *dignidade* humana em codificações nacionais e do direito internacional, assim como a jurisprudência do último meio século, continuam a ser um facto assinalável.

Ao contrário da suposição de uma conotação moral retrospetiva do conceito de direitos humanos com a noção de dignidade humana, gostaria de defender a tese da existência, desde o início, de um estreito nexo concetual entre os dois conceitos, embora inicialmente apenas implícito. Os direitos humanos sempre resultaram, antes de mais, da resistência à arbitrariedade, à opressão e à humilhação. Hoje, ninguém pode mencionar um destes artigos respeitáveis – por exemplo, a frase: «Ninguém será submetido a tortura nem a penas ou tratamentos cruéis, desumanos ou degradantes» (Declara-

---

[7] Denninger, *ibidem*, p. 1.

ção Universal dos Direitos Humanos, artigo 5.º) (⁸) – sem ouvir o eco destas palavras: o grito de inúmeras criaturas humanas que foram martirizadas e assassinadas. A invocação dos direitos humanos alimenta-se da indignação dos ofendidos face à violação da sua dignidade humana. Se isto está no início, deverá ser possível mostrar a existência deste nexo concetual também na própria evolução do direito. Portanto, primeiro, temos de responder à questão de saber se a «dignidade humana« é a expressão de um conceito fundamental e substancial do ponto de vista normativo, a partir do qual é possível deduzir os direitos humanos através da especificação de violações à mesma, ou se não passa de uma expressão insignificante para um catálogo de direitos humanos individuais, seleccionados e sem nexo entre si.

Vou referir algumas razões do ponto de vista da teoria do direito que sugerem que a «dignidade humana» não é uma expressão classificadora *a posteriori*, um logro, por assim dizer, por detrás do qual se esconde uma multiplicidade de fenómenos diversos, mas sim a «fonte» (⁹) moral da qual se alimentam os conteúdos de todos os direitos fundamentais (1). A seguir, gostaria de analisar, do ponto de vista sistemático e da história dos conceitos, o papel catalisador que o conceito de dignidade desempenha na composição dos direitos humanos a partir da moral da razão e da sua forma jurídica (2). Por fim, a radicação dos direitos humanos na fonte moral da dignidade humana explica a força explo-

---

(⁸) «No one shall be subjected to torture or to cruel, inhuman or degrading treatment or punishment.»

(⁹) Por exemplo, o n.º 2 do artigo 14.º da Constituição do Estado Livre da Saxónia, de 1992, diz o seguinte: «A inviolabilidade da dignidade do ser humano constitui a fonte de todos os direitos fundamentais.»

siva, do ponto de vista político, de uma utopia concreta, que eu gostaria de defender tanto contra a rejeição global dos direitos humanos (Carl Schmitt), como também contra tentativas mais recentes de desvirtuamento do seu conteúdo radical (3).

(1) Os direitos fundamentais necessitam de concretização em casos específicos, dado o seu caráter geral abstrato, sendo que legisladores e juízes em contextos culturais diferentes chegam, frequentemente, a resultados divergentes; a regulamentação atual de factos eticamente polémicos como a eutanásia, o aborto ou a manipulação eugénica do genótipo constituem um bom exemplo disto mesmo. Esta necessidade de interpretação leva a que a aptidão de conceitos jurídicos gerais para compromissos de negociação também seja bastante controversa. Assim, a invocação do conceito de dignidade humana facilitou, inquestionavelmente, a criação de um «consenso de sobreposição» entre partidos com diversas origens culturais, por exemplo, na fundação das Nações Unidas, e aliás na negociação de pacotes relativos a direitos humanos e convenções de direito internacional: «Todos estavam prontos a concordar com a posição de que a dignidade humana tem uma importância central, mas não estavam de acordo quanto à razão por que tal acontece e em que forma.»([10]) Mas não é por isso que o significado jurídico da dignidade humana precisa de *se esgotar* logo na função de uma «cortina de nevoeiro», por detrás da qual diferenças mais profundas podem desaparecer provisoriamente. A função de compromisso que a «dignidade humana» desempenhou ao longo da diferenciação e difusão dos

---

([10]) McCruden, *ibidem*, p. 678.

direitos humanos, por vezes, também, na neutralização de diferenças intransponíveis não pode explicar o seu surgimento tardio *enquanto* conceito jurídico. Gostaria de mostrar que a alteração das circunstâncias históricas se limitou a tematizar e a tornar consciente algo que estava implícito nos direitos humanos desde o início – nomeadamente, a substância normativa da igual dignidade humana de cada um que os direitos humanos soletram, por assim dizer. Assim, os juízes recorrem, por exemplo, à proteção da dignidade humana quando, face a riscos imprevisíveis, resultantes de novas tecnologias invasivas, introduzem um direito à autodeterminação informativa. O Tribunal Federal Constitucional da Alemanha procedeu de forma semelhante quando a 9 de fevereiro de 2010 tomou uma decisão pioneira sobre o cálculo do direito a prestações sociais com base no n.º 2 do artigo 20.º do Código da Segurança Social II [o chamado subsídio de desemprego II] ([11]). Neste caso, o Tribunal «deduziu« do artigo 1.º da Lei Fundamental um direito fundamental a um mínimo vital que permite aos beneficiários (e aos seus filhos) uma participação adequada «na vida social, cultural e política» ([12]).

A experiência de desrespeito pela dignidade humana possui uma função desveladora – por exemplo, face às condições de vida sociais insuportáveis e à marginalização das classes sociais empobrecidas; face à desigualdade de tratamento de mulheres e homens no local de trabalho, à discriminação de estrangeiros, minorias culturais, linguísticas, religiosas e raciais; também face ao sofrimento de jovens mulheres provenientes de famílias de imigrantes que se têm de libertar da

---

([11]) Tribunal Federal Constitucional, 1 BvL 1/09, de 9 de fevereiro de 2010.
([12]) *Ibidem*, n.º 135.

violência de um código matrimonial tradicional; ou face à deportação brutal de imigrantes ilegais e requerentes de asilo. Há *outros* aspectos relacionados com o significado da dignidade humana que são actualizados à luz dos desafios históricos. Estes traços caraterísticos da dignidade humana que são especificados em diversas ocasiões podem, então, levar tanto a uma exploração *mais abrangente* do conteúdo normativo dos direitos fundamentais garantidos, como à descoberta e à construção de *novos* direitos fundamentais[13].

Neste processo, a intuição, que está em segundo plano, penetra, primeiro, na consciência dos afetados e, depois, nos textos jurídicos, para ser articulada nos mesmos na forma de conceitos.

A Constituição do Império Alemão, a chamada Constituição de Weimar, de 1919, que introduziu os direitos fundamentais sociais, constitui um exemplo deste desenvolvimento progressivo. O artigo 151.º fala da «garantia de uma existência digna do ser humano para todos». Neste caso, o conceito de dignidade humana ainda se esconde por detrás da utilização predicativa de uma palavra que é utilizada na linguagem corrente; no entanto, em 1944, a Organização Internacional do Trabalho (OIT), num contexto semelhante, já utiliza toda uma retórica sobre a dignidade humana[14].

---

[13] McCrudden fala, em casos semelhantes, da «necessidade de justificar a criação de novos direitos» e do «alargamento dos existentes» (*idem*, p. 721).

[14] O n.º 2-A da declaração sobre os objectivos e fins da Organização Internacional do Trabalho, aprovada em Filadélfia, no dia 10 de maio de 1944, diz o seguinte: «Todos os seres humanos, qualquer que seja a sua raça, a sua crença ou o seu sexo, têm o direito de efetuar o seu progresso material e o seu desenvolvimento espiritual em liberdade e com dignidade, com segurança económica e com oportunidades iguais.»

E, alguns anos mais tarde, o artigo 22.° da Declaração Universal dos Direitos Humanos já exige a garantia dos direitos económicos, sociais e culturais, para que toda a pessoa possa viver nas condições «indispensáveis à sua dignidade e ao livre desenvolvimento da sua personalidade»([15]). Falamos, desde então, de diversas «gerações» de direitos humanos. A função heurística da dignidade humana permite descobrir também o nexo lógico entre as quatro conhecidas categorias de direitos: os direitos fundamentais só podem cumprir politicamente a promessa moral de respeitar a dignidade humana de todas as pessoas se *agirem em articulação uns com os outros de forma igual*, em todas as suas categorias([16]).

Os *direitos liberais relacionados com as liberdades*, que se cristalizam em torno da integridade e da livre circulação de pessoas, do funcionamento livre do mercado e da liberdade de culto e servem para impedir intervenções do Estado na esfera privada, constituem, juntamente com os *direitos democráticos à participação*, o pacote dos chamados direitos fundamentais clássicos. Mas, na realidade, os cidadãos só podem usar estes direitos em pé de igualdade se, simultaneamente, lhes for garantida uma independência suficiente na sua existência privada e económica e se puderem tanto constituir como estabili-

---

([15]) «Everyone, as a member of society, has the right to social security and is entitled to realization, through national effort and international co-operation and in accordance with the organization and resources of each State, of the economic, social and cultural rights indispensable for his dignity and the free development of his personality.»

([16]) Georg Lohmann, «Die Menschenrechte: Unteilbar und gleichgewichtig? – Eine Skizze», in Georg Lohmann, Stefan Gosepath, Arnd Pollmann, Claudia Mahler, Norman Weiß, *Die Menschenrechte: Unteilbar und gleichgewichtig?* Studien zu Grund– und Menschenrechten 11, Potsdam: Universitätsverlag Potsdam 2005, pp. 5-20.

zar a sua identidade no ambiente cultural que cada um deles deseja. As experiências de exclusão, miséria e discriminação ensinam-nos que os chamados direitos fundamentais clássicos só adquirem «valor igual» (Rawls) para todos os cidadãos quando acompanhados por *direitos sociais e culturais*. O direito a participar adequadamente no bem-estar e na cultura restringe fortemente a transferência de custos e riscos *causados sistemicamente* para destinos individuais. Este direito opõe-se ao crescimento das desigualdades sociais e à exclusão de grupos inteiros da circulação global de cultura e sociedade.

A política praticada nas últimas décadas não só nos EUA e na Grã-Bretanha, mas também no continente europeu, se não mesmo no mundo inteiro, que finge poder garantir aos cidadãos uma vida autodeterminada, *em primeiro lugar*, através da garantia de liberdades económicas, destrói o equilíbrio entre as diversas categorias de direitos fundamentais. A dignidade humana, que é mesma em todo o lado e para todos, justifica a *indivisibilidade* dos direitos fundamentais.

Esta evolução também explica a proeminência que o conceito alcançou na jurisprudência. Quanto mais os direitos fundamentais penetram todo o sistema jurídico, tanto mais frequentemente ultrapassam a relação vertical entre o cidadão e o Estado e interferem nas relações horizontais entre os cidadãos, multiplicando-se os choques que exigem uma ponderação entre direitos fundamentais concorrentes([17]). Nestes *hard cases*, não é

([17]) O debate em curso na Europa há meio século sobre o chamado «efeito dos direitos fundamentais em relação a terceiros» encontrou eco, recentemente, também nos EUA; cf. Stephen Gardbaum, «The 'horizontal effect' of constitutional rights», in *Michigan Law Review* 102/2003, p. 388-459.

possível justificar uma decisão sem recorrer a uma violação do *absolutamente vigente*, portanto, da dignidade humana, que reivindica prioridade. Por conseguinte, no discurso judicial, este conceito não desempenha, de maneira alguma, o papel de substituto para uma conceção que não integre os direitos humanos. A «dignidade humana» é um sismógrafo que indica o que é constitutivo de uma ordem jurídica democrática – isto é, precisamente os direitos que os cidadãos de uma comunidade política têm de se conceder a si mesmos, para que possam *respeitar-se* reciprocamente enquanto membros de uma associação voluntária de pessoas livres e iguais. *Só a garantia destes direitos humanos confere o estatuto de cidadãos que, enquanto sujeitos de direitos iguais, têm direito a ser respeitados na sua dignidade humana.*

Passados duzentos anos de história constitucional moderna, reconhecemos melhor as caraterísticas desta evolução *desde o seu início*: a dignidade humana constitui, por assim dizer, o portal através do qual o conteúdo igualitário e universalista da moral é importado para o direito. A noção de dignidade humana constitui a charneira concetual que liga a moral do igual respeito por todos ao direito positivo e à legislação democrática de modo a que a sua conjugação permita, em condições históricas favoráveis, o surgimento de uma ordem política baseada na dignidade humana. Embora as clássicas declarações dos direitos humanos, com as suas referências a direitos «inatos» ou «inalienáveis», «inherent» ou «natural rights», «droits naturels, inaliénables et sacrés», ainda revelem a sua origem em doutrinas religiosas ou metafísicas («We hold these Truths to be self-evident, that all men are [...] endowed with certain analienable rights [...]»), num Estado com uma mundividência imparcial, estes predicados têm sobretudo o papel de substitutos; eles evocam o modo cognitivo, *independente da autoridade estatal, de uma justificação capaz de aceitação universal* do conteúdo moral superior destes direitos. Para os pais fundadores também era evidente que os direitos humanos tinham de ser «explicados» de forma democrática, independentemente da sua justificação puramente moral, e especificados e implementados no quadro de uma comunidade política. A promessa moral deve ser cumprida na moeda jurídica, pelo que os direitos humanos mostram uma face de Janus, voltada, simultaneamente, para a moral e para o direito([18]). Os direitos humanos, independentemente do seu *conteúdo* exclusivamente moral, têm a *forma* de direitos subjetivos positivos, cujo desrespeito é punido, o que garante ao indivíduo espaços de liberdade e direitos. Eles são concebidos de forma a *concretizar-se* através da legislação democrática, *especificados*, caso a caso, através da jurisprudência e *impostos* através de sanções estatais. Portanto, os direitos humanos descrevem precisamente a parte de uma moral esclarecida que *pode* ser traduzida no veículo do direito coercivo e tornar-se uma realidade política na forma robusta de direitos fundamentais concretizados([19]).

([18]) Georg Lohmann, «Menschenrechte zwischen Moral und Rechte», in Stefan Gosepath/Georg Lohman (orgs.), *Philosophie der Menschenrechte*, Frankfurt am Main: Suhrkamp 1998, pp. 62-95.

([19]) Não creio que esta reflexão me obrigue a uma revisão da minha introdução original do sistema dos direitos (Jürgen Habermas, *Faktizität und Geltung*, Frankfurt am Main: Suhrkamp 1992, cap. III, cf. também, «Der demokratische Rechtsstaat – eine paradoxe Verbindung widersprüchliher Prinzipien?», in Jürgen Habermas, *Philosophische Texte*, vol. 4, *Politische Theorie*, Frankfurt am Main: Suhrkamp 2009, [2001], pp. 154-175). Os direitos humanos distinguem-se dos direitos morais, entre outras coisas, também, pelo facto de necessita-

(2) Esta categoria, então completamente nova, de direitos associa, novamente, dois elementos que, no início da Idade Moderna, se libertaram da simbiose de factos e normas, existente no direito natural, se tornaram independentes e começaram por se diferenciar em sentidos opostos. De um lado, está a moral interiorizada, ancorada na consciência subjetiva e justificada racionalmente, que no pensamento de Kant se retira completamente para o domínio do inteligível; do outro, está o direito coercivo, regulamentado positivamente, que serve aos soberanos absolutos e às velhas assembleias parlamentares constituídas por Estados como instrumento organizativo gerido pelo poder para criar o Estado moderno e para a circulação de mercadorias capitalista. O conceito de direitos humanos deve-se

rem de institucionalização, portanto, de terem de ser concebidos e, para tal, necessitarem da constituição de uma vontade democrática comum, enquanto as pessoas que atuam moralmente se consideram, sem mais, como sujeitos, inseridos, *à partida*, numa rede de obrigações e direitos morais; cf. Jeffrey Flynn, «Habermas on human rights: Law, morality, and intercultural dialogue», in *Social Theory and Praxis* 29/2003, pp. 431-457. No entanto, então, não prestei atenção a duas coisas. Por um lado, as experiências cumulativas de desrespeito pela dignidade constituem uma fonte da motivação moral para a prática constituinte – sem precedentes em termos históricos – no final do século XVIII; por outro, o reconhecimento social da dignidade humana gerador do estatuto proporciona uma ponte concetual entre o conteúdo moral do igual respeito por todos e a forma jurídica dos direitos humanos. Não discuto aqui se a deslocação da atenção para estes factos tem outras consequências para a minha interpretação deflacionista do princípio do discurso «D» na justificação dos direitos fundamentais; cf. a minha discussão com as objeções de Karl-Otto Apel em «Zur Architektonik der Disursdifferenzierung. Kleine Replik auf eine große Auseinandersetzung», in Jürgen Habermas, *Zwischen Naturalismus und Religion*, Frankfurt am Main: Suhrkamp 2005, pp. 84-105.

a uma síntese improvável destes dois elementos. *E esta ligação concretizou-se através da charneira concetual da «dignidade humana».* O próprio conceito erudito de dignidade humana foi transformado no processo desta ligação: as ideias correntes de dignidade social, que, nas sociedades de estados da Idade Média europeia e nas sociedades de grupos profissionais do início da Idade Moderna, estavam associadas a um estatuto particular também desempenharam um papel[20]. No entanto, a hipótese desenvolvida em seguida necessita ainda de provas históricas mais precisas, provenientes tanto da história dos conceitos como da história das ideias das revoluções europeias.

Gostaria de realçar dois aspetos no que diz respeito à genealogia dos direitos humanos: por um lado, o papel da «dignidade humana» na mudança da perspetiva das obrigações morais para direitos jurídicos (a), por outro, a generalização paradoxal de um conceito que, inicialmente, não foi talhado para um reconhecimento igual da dignidade de cada um, mas sim para as *diferenças* de estatuto (b).

(a) As doutrinas modernas da moral da razão e do direito da razão baseiam-se no conceito fundamental da autonomia do indivíduo e no princípio do igual respeito por cada um. Esta base comum da moral da razão e de direito da razão oculta, frequentemente, as diferenças decisivas: enquanto a moral nos impõe obrigações que penetram, sem exceção, todos os domínios

---

[20] Sobre a origem do conceito jurídico de dignidade humana a partir da generalização da dignidade associada ao estatuto, cf. Jeremy Waldron, «Dignity and rank», in *European Journal of Sociology* 48/2007, pp. 201-237.

de ação, o direito moderno cria espaços livres para a arbitrariedade privada e para podermos configurar individualmente a nossa vida. Sob a premissa revolucionária segundo a qual é permitido tudo o que não está explicitamente proibido, não são as obrigações, mas os direitos subjetivos que constituem o início para a construção de sistemas jurídicos. Para Hobbes e para o direito moderno é decisiva a autorização uniforme dada a todas as pessoas para poderem fazer e deixar de fazer tudo o que querem dentro da lei. Os agentes assumem uma outra perspetiva quando exercem os seus direitos, em vez de *obedecerem* a ditames morais. Numa *relação moral*, a pessoa pergunta o que deve a outra pessoa, independentemente da relação social que tenha com ela – independentemente da outra pessoa lhe ser estranha, da forma como se comporta e daquilo que se pode esperar da mesma. As pessoas que têm *relação jurídica* reagem, pelo contrário, a *reivindicações* que o outro lhe dirige. Numa comunidade de direito, só se criam obrigações para a primeira pessoa na sequência de reivindicações que uma segunda pessoa lhe pode dirigir([21]).

Imaginemos um agente de polícia que, sob ameaça ilegal de tortura, quer pressionar uma pessoa suspeita, para obter uma confissão. Enquanto pessoa moral, ele já ficaria com má consciência por recorrer a esta ameaça, quanto mais se lhe provocasse dor, independentemente do comportamento do delinquente. Só existe uma rela-

---

([21]) Georg Lohmann escreve o seguinte sobre esta questão: «Só se considera que um direito moral se justifica quando existe um obrigação correspondente, imperiosa do ponto de vista moral, que, por seu lado, se considera justificada [...], considera-se que um direito legal se justifica quando faz parte de uma ordem jurídica positiva, capaz de reivindicar legitimidade como um todo.» («Menschenrechte zwischen Moral und Recht», *ibidem*, p. 66)

ção jurídica entre o agente de polícia que age de forma ilegal e a pessoa interrogada quando *esta* se defende e reclama o seu direito (ou quando um procurador reage). A pessoa ameaçada constitui, naturalmente, em ambos os casos uma fonte de direitos normativos, violados pela tortura. No entanto, para a má consciência do autor do ato já é suficiente que este tenha violado a moral, enquanto a relação jurídica, objectivamente violada, permanecerá latente enquanto não for atualizada por uma reivindicação legal.

Por isso, Klaus Günther considera a «passagem de obrigações morais recíprocas para direitos reciprocamente instituídos e concedidos» um ato de «autoautorização para a autodeterminação»([22]). A *transição da moral da razão para o direito da razão* exige uma mudança das perspetivas cruzadas simetricamente do respeito e da estima da autonomia *do outro* para os direitos ao reconhecimento e à estima *da própria* autonomia *por parte* do outro. O lugar do imperativo moral de *clemência* pelo outro vulnerável é assumido pela *exigência* autoconfiante de reconhecimento jurídico enquanto sujeito autodeterminado que «vive, sente e age segundo o seu juízo próprio»([23]). O reconhecimento *reclamado* pelos cidadãos para além do reconhecimento moral recíproco de sujeitos que agem responsavelmente; o seu sentido robusto consiste no respeito *exigido* perante um estatuto

---

([22]) Uma transição que Georg Lohmann (*ibidem*, p. 87) parece entender, erradamente, como uma transição da moral tradicional para a moral iluminista.

([23]) Klaus Günther, «Menschenrechte zwischen Staaten und Dritten. Vom vertikalen zum horizontalen Verständnis der Menschenrechte», in Nicole Deitelhoff/Jens Steffek (orgs.), *Was bleibt vom Staat? Demokratie, Recht und Verfassung im globalen Zeitalter*, Frankfurt am Main: Campus 2009, pp. 259-280, pp. 275 ss.

merecidamente assumido e, neste sentido, alimenta-se das conotações daquelas «dignidades», associadas, no passado, à pertença a corporações ilustres.

(b) O conceito concreto de dignidade ou «honra social» pertence ao mundo das sociedades tradicionais com estruturas hierárquicas. Nestas sociedades, uma pessoa podia receber a sua dignidade e autoestima, por exemplo, do código de honra da nobreza, do *ethos* da classe de corporações de artesãos ou da consciência corporativa das universidades. Quando estas dignidades associadas ao estatuto, e surgidas no plural, se conglomeram na dignidade universal «do» ser humano, esta dignidade nova e abstrata retira as qualidades particulares de um *ethos* de classe. No entanto, a dignidade universalizada, devida de igual modo a todas as pessoas, também conserva, simultaneamente, a conotação de *autoestima*, baseada no *reconhecimento social*. Por isso, a dignidade humana – uma dignidade deste tipo – também requer a ancoragem num estatuto civil, isto é, a pertença a uma comunidade organizada no espaço e no tempo. Porém, agora, este estatuto deve ser igual para todos. O conceito de dignidade humana transfere o conteúdo de uma moral de igual respeito por todos para uma ordem baseada no estatuto de cidadãos que obtêm a sua autoestima do facto de serem reconhecidos por todos os outros cidadãos como *sujeitos de direitos iguais e exigíveis*.

Não é irrelevante o facto de este estatuto só poder ser estabelecido no quadro de um Estado constitucional, que nunca surge naturalmente. Pelo contrário, este Estado tem de ser *criado* pelos próprios cidadãos *com os meios do direito positivo*, assim como tem de ser protegido e desenvolvido em circunstâncias históricas que mudam. A dignidade humana, enquanto conceito jurídico moderno, associa-se ao estatuto que os cidadãos assumem na ordem política *criada por eles próprios*. Só é possível aos cidadãos enquanto destinatários usufruírem dos direitos que protegem a sua dignidade humana quando conseguem, em conjunto, instituir e manter uma ordem política baseada nos direitos humanos[24].

A dignidade que o estatuto de cidadão confere alimenta-se do valor que a República atribui a este desempenho democrático e da respetiva orientação para o bem comum, o que evoca o significado associado na Roma antiga à palavra *dignitas* – o prestígio de estadistas e titulares de cargos públicos que se empenhavam na *res publica*. No entanto, a distinção dos poucos «dignitários» e notabilidades está nas antípodas da dignidade que o Estado constitucional garante *de forma igual a todos* os cidadãos.

Jeremy Waldron chama a atenção para o facto paradoxal de o conceito igualitário de dignidade humana resultar de uma generalização de dignidades particulares, não podendo perder completamente a conotação das «pequenas diferenças»: «O conceito de 'dignidade', associado anteriormente à diferenciação hierárquica segundo a posição e o estatuto, exprime, agora, a ideia

---

[24] Por conseguinte, os direitos humanos não se opõem à democracia. Os direitos humanos e a democracia são equiprimordiais. Pressupõem-se reciprocamente: os direitos humanos possibilitam o processo democrático, sem o qual, por seu lado, não poderiam ser positivados e concretizados – no quadro do Estado constitucional baseado nos direitos fundamentais; sobre a justificação de teoria do discurso, cf. Klaus Günther, «Liberale und diskurstheoretische Deutungen der Menschenrechte», in Winfried Brugger, Ulfrid Neumann und Stephan Kirste (orgs.), *Rechtsphilosophie im 21. Jahrhundert*, Frankfurt am Main 2008, pp. 338-359.

de que todos os seres humanos têm a mesma posição, aliás, têm uma posição muito elevada.»(²⁵) Segundo a concepção que Waldron possui desta generalização, agora todos os cidadãos assumem uma posição tão elevada quanto possível, por exemplo, aquela que fora outrora reservada à nobreza. Mas será que isto corresponde ao sentido da igual dignidade humana de todos? As raízes diretas do conceito de dignidade humana na filosofia grega, sobretudo no estoicismo e no humanismo romano – por exemplo, em Cícero – também não constituem uma ponte semântica para o sentido igualitário do conceito moderno. Nessa época, a *dignitas humana* baseava-se no facto de o ser humano possuir uma posição ontológica distinta no Universo, posição especial que este assume, devido às propriedades da espécie, como ser dotado de razão e conseguir refletir, ao contrário dos seres vivos «inferiores». O valor superior da espécie talvez possa justificar a proteção da mesma, mas não a inviolabilidade da dignidade da pessoa individual enquanto fonte de direitos normativos.

Faltam ainda dois passos decisivos na genealogia do conceito. Primeiro, era necessário completar a generalização a todos com a individualização. O que está em causa é o *valor do indivíduo* nas relações horizontais entre seres humanos, não a posição «do» ser humano na sua relação vertical com Deus ou com seres inferiores. Segundo, o valor relativamente superior da humanidade e dos seus membros individuais tem de ser substituído pelo valor absoluto da pessoa. O que está em causa é o *valor incomparável* de cada um. Estes dois passos

---

(²⁵) Waldron, «Dignity and rank», *ibidem*, p. 201.

concretizaram-se na Europa, através da apropriação filosófica de motivos e conceitos da tradição judaico-cristã, a qual gostaria de evocar brevemente([26]).

A Antiguidade já havia estabelecido uma estreita relação entre *dignitas* e *persona*, porém, a pessoa individual, na sua estrutura de papéis, só emerge nos debates medievais sobre a semelhança do ser humano com Deus. Cada uma aparece como pessoa insubstituível e inconfundível no Juízo Final. As tentativas de distinção entre direitos individuais e a ordem objetiva do direito natural na Alta Escolástica espanhola constituem uma outra etapa na história do conceito de individuação([27]). No entanto, o passo decisivo é dado pela moralização da compreensão de liberdade individual no pensamento de Hugo Grócio e Samuel von Pufendorf. Kant exprime esta compreensão de uma forma deontológica, resumindo-a no conceito de autonomia, o qual, no entanto, paga a sua radicalidade com o estatuto incorpóreo do livre-arbítrio num «reino dos fins», afastado do mundo. A liberdade consiste, agora, na capacidade da pessoa de legislar para si de forma racional. A relação de seres racionais entre si é determinada pelo reconhecimento mútuo da vontade legisladora geral de cada um, sendo que cada um nunca deve «tratar a si próprio e a todos os outros apenas como meios, mas sempre, e

---

([26]) Sobre este substrato teológico do conceito de dignidade humana, cf. o estudo da história das ideias de Tine Stein (*Himmlische Quellen und irdisches Recht. Religiöse Voraussetzungen des freiheitlichen Verfassungsstates*, Frankfurt am Main: Campus 2007, em especial cap. 7); cf. também Wolfgang Huber, *Gerechtigkeit und Recht. Grundlinien christlicher Rechtsethik*, Gütersloh: Chr. Kaiser 1996, pp. 222-286.

([27]) Ernst-Wolfgang Böckenförde, *Geschichte der Rechts– und Staatsphilosophie*, Tübingen: Mohr Siebeck 2002, pp. 312-370.

simultaneamente, como fins em si»(28). Isto assinala os limites de uma esfera que deve ficar absolutamente fora da disposição do outro. A «dignidade infinita» de cada pessoa consiste no direito que a mesma tem de que todos os outros respeitem esta esfera do livre-arbítrio como inviolável. É interessante que Kant não atribui um valor sistemático à dignidade humana; o ónus da fundamentação cabe totalmente à explicação filosófico-moral da autonomia: «Portanto, a autonomia é o fundamento da dignidade da natureza humana e de qualquer natureza racional.»(29) Antes de conseguirmos compreender o que significa «dignidade humana», temos de compreender o «reino dos fins»(30). Na *Doutrina do Direito*, Kant introduz os direitos humanos – ou antes, o «único» direito que cabe a cada um, «em virtude da sua humanidade» – em estreita ligação com a liberdade de cada um, «na medida em que esta pode coexistir com a liberdade de todos os outros, segundo uma lei geral»(31). Também para Kant, o conteúdo moral dos direitos humanos, que se exprime na linguagem do direito positivo, tem origem na dignidade humana entendida na perspetiva universalista e individualista. Porém, esta coincide

---

(28) Immanuel Kant, *Grundlegung zur Metaphysik der Sitten* [*Fundamentação da Metafísica dos Costumes*], in *Werksausgabe in zwölf Bänden*, editado por Wilhalm Weischedel, vol. VII, Frankfurt am Main: Suhrkamp 1968, p. 11-102, p. 66.

(29) *Ibidem*, p. 69.

(30) «No reino dos fins, tudo tem um preço ou uma dignidade. O que tem um preço, pode ser substituído por uma outra coisa, um equivalente; pelo contrário, o que é superior a qualquer preço, portanto não permite qualquer equivalente, tem dignidade.» (*Ibidem*, p. 68)

(31) Immanuel Kant, *Die Methaphysik der Sitten, Rechtslehre* [*Metafísica dos Costumes: Doutrina do Direito*], in *Werksausgabe in zwölf Bänden*, vol. VIII, *idem*, pp. 309-499, p. 345.

com uma liberdade inteligível para além do espaço e do tempo e elimina precisamente as conotações de estatuto que lhe permitiram tornar-se o elo histórico de ligação entre a moral e os direitos humanos. No entanto, a graça do caráter jurídico dos direitos humanos está no facto de protegerem uma dignidade humana que recebe as suas conotações de autoestima e reconhecimento social de um estatuto no espaço e no tempo – precisamente, do estatuto do cidadão democrático[32].

Reunimos três elementos na perspetiva da história dos conceitos: um conceito de dignidade humana altamente moralizador, a evocação de uma compreensão tradicional da dignidade social e, com o surgimento do direito moderno, a atitude autoconfiante de pessoas jurídicas que reivindicam direitos em relação a outras pessoas jurídicas. Agora, deveríamos passar da história dos conceitos para a história social e política, para tornar, no mínimo, plausível a dinâmica de fusão de conteúdos da moral da razão com a forma do direito positivo, através da generalização da «dignidade», associada inicialmente ao estatuto, para a «dignidade humana». Apresenta-se uma referência nesta matéria que é mais ilustrativa de que baseada na história. O processo de reivindicação e implementação dos direitos humanos raramente foi pacífico. Os direitos humanos resultaram de lutas violentas – por vezes revolucionárias – pelo reco-

---

[32] De acordo com as premissas da teoria de Kant, esta «mediação» entre o reino transcendental da liberdade e o reino fenomenal da necessidade não é necessária nem possível. No entanto, a distância entre a moral e o direito tem de ser superada logo que o caráter do livre-arbítrio (como na *Teoria da Ação Comunicativa*) se destrancendentalize. É precisamente isto que o conceito de dignidade humana dependente do estatuto permite.

nhecimento(³³). Podemos imaginar, retrospetivamente, a situação militante na qual aqueles três elementos concetuais se poderiam ter cruzado entre si na cabeça dos primeiros combatentes pela liberdade (por exemplo, dos chamados Levellers). As experiências históricas de humilhação e degradação, que já haviam sido interpretadas à luz de uma compreensão cristã e igualitária da dignidade humana, constituíam um motivo para a resistência. Mas, agora, a indignação política já podia ser expressa na linguagem do direito positivo como uma exigência consciente de direitos universais. Talvez esta exigência também já estivesse associada – na reminiscência do conceito familiar de dignidade ligada ao estatuto – à expetativa de que estes direitos fundamentais justificassem um estatuto de cidadãos que se reconhecem reciprocamente como sujeitos de direitos iguais.

(3) A origem militante não é suficiente para explicar o caráter polémico que os direitos humanos mantiveram até hoje. A carga moral também confere um caráter um pouco não saturado a estes direitos sancionados pelo Estado. Este caráter explica por que razão as duas revoluções constitucionais no final do século XVIII introduziram uma tensão provocadora nas sociedades da Idade Moderna. Não existe espaço social, nem tempo sem um fosso entre as normas e o comportamento real; no entanto, a prática sem precedentes de criação de uma constituição democrática conduz ao surgimento de um fosso utópico completamente diferente que se desloca para a dimensão temporal. Por um lado, os direitos humanos só podem alcançar a validade

---

(³³) Cf. Axel Honneth, *Luta pelo Reconhecimento: Para uma Gramática Moral dos Conflitos Sociais*, Lisboa: Edições 70 2011.

positiva de direitos fundamentais numa comunidade específica, primeiro, no âmbito de um Estado nacional. Por outro, só seria possível cumprir a sua pretensão de validade universalista, que extravasa todas as fronteiras nacionais, numa comunidade inclusiva à escala mundial([34]). Esta contradição só encontraria solução racional numa sociedade mundial democrática (sem que, por isso, necessitasse de assumir qualidades estatais([35]).

([34]) Albrecht Wellmer, «Menschenrechte und Demokratie», in Gosepath/Lohmann, *Philosophie der Menschenrechte, idem*, pp. 265-291; para uma análise perspicaz das implicações que a falta de coincidência entre os direitos humanos e os direitos civis tem para os «estrangeiros» que vivem no país, cf. Erhard Denninger, «'Die Rechte der Anderen'. Menschenrechte und Bürgerrechte im Widerstreit», in *Kritische Justiz* 3/2009, pp. 226-238.

([35]) Sobre esta questão, cf. os meus textos «Zur Legitimation durch Menschenrechte (1998), «Hat die Konstitutionalisierung des Vökerrechts noch eine Chance?» (2004) e «Konstitutionalisierung des Völkerrechts und die Legitimationsprobleme einer verfaßten Weltgesellschaft» (2008) in *Philosophische Texte*, Vol. 4, *Politische Theorie, idem*, pp. 298-312, pp. 313-401 e pp. 402-424. A contradição entre direitos civis e direitos humanos não pode ser resolvida apenas através de uma expansão global dos Estados constitucionais combinada com o «direito a ter direitos», exigido por Hannah Arendt (face à situação das *displaced persons* no fim da Segunda Guerra Mundial), uma vez que o direito internacional clássico deixa as relações internacionais num «estado natural». A necessidade de coordenação da sociedade mundial surgida entretanto só poderia ser resolvida através de um «estado jurídico cosmopolita» (no sentido de Kant, mas revisto e atualizado).

Por isso, tenho de desfazer um mal-entendido grave na introdução ao suplemento especial intitulado *Symposium on Human Rights: Origins, Violations, and Rectification* (Vol. 40/n.º 1, 2009, p. 2) da revista *Metaphilosophy* (e no artigo de Andreas Føllesdals, intitulado «Universal human rights as a shared political identity. Necessary? Sufficient? Impossible?», *ibidem*, pp. 78-91, pp. 85 ss). É óbvio que defendo, há

Existe, desde o início, uma tensão dialética entre direitos humanos e direitos civis que, em circunstâncias históricas favoráveis, pode desencadear uma «dinâmica que abre portas» (Lutz Wingert). Isto não significa, necessariamente, que a intensificação da proteção dos direitos humanos dentro dos Estados nacionais e a expansão global dos direitos humanos para o exterior houvesse sido alguma vez possível sem movimentos sociais e lutas políticas, sem a resistência destemida contra a repressão e a degradação. A luta pela implementação dos direitos humanos continua, tanto nos nossos países, como, por exemplo, na China, em África ou na Rússia, na Bósnia ou no Kosovo. Cada repatriamento de um requerente de asilo por trás das portas fechadas de um aeroporto, cada navio naufragado com refugiados da pobreza na rota do Mediterrâneo entre a Líbia e a ilha de Lampedusa, cada tiro na fronteira mexicana, constitui mais uma questão inquietante dirigida aos cidadãos do Ocidente. A primeira declaração dos direitos humanos estabeleceu um padrão que pode inspirar os refugiados, aqueles que caíram na miséria, os excluídos, ofendidos e humilhados, e dar-lhe consciência de que o seu sofrimento não possui o caráter de um destino natural. A positivação do primeiro direito humano criou uma *obrigação jurídica* de concretização dos conteúdos morais superiores, enterrados na memória da humanidade.

---

muito, a tese de que a identidade coletiva das comunidades democráticas pode ser alargada além das fronteiras dos Estados nacionais existentes e não partilho as reservas dos nacionalistas liberais nesta matéria. Ao longo da minha defesa do sistema de vários níveis de uma sociedade mundial constituída, desenvolvi outros fundamentos para a tese de que não é desejável, nem exequível, um governo mundial.

Os direitos humanos constituem uma utopia *realista*, na medida em que deixaram de prometer uma felicidade coletiva retratada como uma utopia social e passaram a consagrar o objetivo ideal de uma sociedade justa nas instituições do próprio Estado constitucional[36]. Esta ideia de uma justiça mais nobre também introduz uma tensão problemática na realidade política e social. A política dos direitos humanos das Nações Unidas, para não falar, sequer, da força puramente simbólica dos direitos fundamentais em algumas democracias de fachada na América do Sul e noutros continentes[37], revela a contradição entre a difusão da retórica dos direitos humanos, por um lado, e a sua utilização abusiva para ajudar a legitimar a habitual política de poder, por outro. A Assembleia Geral das Nações Unidas faz avançar a *codificação no direito internacional* e a diferenciação de conteúdos dos direitos humanos, por exemplo, com a adoção de pactos dos direitos humanos. A *institucionalização* dos direitos humanos também registou progressos – com o processo de queixas individuais, com os relatórios periódicos sobre a situação dos direitos humanos nos diversos Estados, mas, sobretudo, com a criação de tribunais internacionais, como o Tribunal Europeu dos Direitos do Homem, dos diversos tribunais de crimes de guerra e do Tribunal Penal Internacional. Os casos mais espetaculares são os das intervenções humanitárias que o Conselho de Segurança aprovou em nome da comunidade internacional, quando necessário também contra a vontade de governos soberanos.

---

[36] Ernst Bloch, *Naturrecht und menschliche Würde*, Frankfurt am Main: Suhrkamp 1961.

[37] Marcelo Neves, «The symbolic force of human rights», in *Philosophy & Social Criticism* 33/2007, pp. 411-444.

O CONCEITO DE DIGNIDADE HUMANA | 53

No entanto, é precisamente nestes casos que se revela a problemática da tentativa de promover uma ordem mundial cuja institucionalização, por enquanto, é apenas parcial, porque, pior do que o insucesso de tentativas legítimas, é a sua ambiguidade, que põe em questão os próprios critérios morais([38]). Recordo o caráter seletivo e tendencioso das decisões do Conselho de Segurança não representativo, tudo menos imparciais, ou as tentativas hesitantes e incompetentes de levar a cabo intervenções aprovadas – e, por vezes, o fracasso catastrófico das mesmas (Somália, Ruanda, Darfur). Além de que estas intervenções policiais são conduzidas como guerras, nas quais os militares falam da morte e miséria da população inocente como «danos colaterais» (Kosovo). As potências intervenientes ainda não provaram, em nenhum caso, que possuem força e persistência para *state-building*, isto é, para a reconstrução das infraestruturas destruídas ou desmoronadas nos territórios pacificados (Afeganistão). Quando a política dos direitos humanos se torna até disfarce e veículo de imposição dos interesses das super-

---

([38]) Além disso, a «política governativa dos direitos humanos» destrói cada vez mais a ligação entre estes e a democracia; sobre esta questão, cf. Klaus Günther, «Menschenrechte zwischen Staaten und Dritten» (*idem*) juntamente com Ingeborg Maus, «Meschenrechte als Ermächtigungsnormen internationaler Politik oder: der zerstörte Zusammenhang von Menschenrechten und Demokratie», in Hauke Brunkhorst, Wolfgang R. Köhler e Matthias Lutz-Bachmann (orgs.), *Recht auf Menschenrechte*, Frankfurt am Main: Suhrkamp 1999, pp. 276--292; sobre esta tendência, cf. também Klaus Günther, «Von der gubernativen zur deliberativen Menschenrechtspolitik. Die Definition und Fortentwicklung der Menschenrechte als Akt kollektiver Selbstbestimmung», in Gret Haller/Klaus Günther/Ulfrid Neumann (orgs.), *Menschenrechte und Volkssouveränität in Europa: Gerichte als Vormund der Demokratie?*, Frankfurt am Main: Campus 2011, pp. 45-60.

potências; quando a superpotência põe de lado a Carta das Nações Unidas para se apropriar do direito de intervenção; quando leva a cabo uma invasão violando o direito internacional humanitário e justificando-a em nome de valores universais, confirma-se a suspeita de que o programa dos direitos humanos *consiste* na sua utilização abusiva e imperialista([39]).

A tensão entre a ideia e a realidade, que penetra a própria realidade, em consequência da positivação dos

---

([39]) Carl Schmitt foi o primeiro a articular esta suspeita; cf. Carl Schmitt, *Die Wendung zum diskriminierenden Kriegsbegriff*, Berlim: Duncker & Humblot Berlim 1988 (1938); Carl Schmitt, *Das internationalrechtliche Verbrechen des Angriffskrieges und der Grundsatz «Nullum crimen, nulla poena sine lege»*, editado com notas e epílogo de Helmut Quaritsch, Berlim: Duncker & Humblot 1994 (1945). Schmitt denuncia os direitos humanos sobretudo como a ideologia que discrimina as guerras como um instrumento legítimo para a solução de conflitos internacionais. De acordo com Schmitt, o ideal de paz da política de Wilson já levara a «distinção entre guerras justas e injustas» a «uma distinção cada vez mais profunda e rigorosa, cada vez mais total entre amigo e inimigo» (*Die Wendung zum disrkiminierenden Kriegsbegriff*, *idem*, p. 50). Nas relações internacionais naturais, a moralização dos inimigos constitui um método fatal para disfarçar interesses próprios, uma vez que o atacante se esconde por detrás da fachada aparentemente transparente de uma abolição alegadamente racional, porque humanitária, da guerra. No entanto, a crítica de uma «moralização» da guerra em nome dos direitos humanos falha o objetivo, uma vez que falha o ponto essencial dos mesmos, nomeadamente, a *transposição* de conteúdos morais para meio do direito coercivo. A proscrição da guerra conduz, de facto, à juridicização das relações internacionais, o que leva a que a distinção proveniente do direito natural ou a distinção religiosa entre guerras «justas» e «injusta» seja abandonada a favor das guerras «legais» que, de seguida, têm de assumir a forma de medidas policiais à escala mundial; sobre esta questão, cf. Klaus Günther, «Kampf gegen Böse? Zehn Thesen wider die ethische Aufrüstung der Kriminalpolitik», in *Kritische Justiz* 27/1994, pp. 135--157.

direitos humanos, confronta-nos, hoje, com o desafio de pensar e agir de forma realista, sem trair o impulso utópico. Esta ambivalência leva-nos com demasiada facilidade à tentação de nos colarmos de forma idealista, mas sem compromissos, do lado dos conteúdos morais mais altos ou assumir a posição cínica dos chamados «realistas». Deixou de ser realista rejeitar totalmente, no seguimento de Carl Schmitt, a programática dos direitos humanos, que, entretanto, penetrou com a sua força subversiva os poros de *todas as* regiões do mundo, por isso, hoje, o «realismo» assume uma outra forma. A crítica frontalmente desmascaradora é substituída por uma ligeira deflação dos direitos humanos. Este novo minimalismo diminui a pressão, separando os direitos humanos do seu impulso moral essencial, nomeadamente, da proteção da igual dignidade humana de cada um.

Kenneth Baynes distingue esta abordagem – apoiando-se em John Rawls –, a partir de uma conceção «política» dos direitos humanos([40]), de outra, a das conceções de direitos «inatos» provenientes do direito natural de que é suposto todas as pessoas usufruírem, devido à sua natureza humana: «Os direitos humanos são entendidos como condição de inclusão numa comunidade política»([41]). Concordo. Mas o próximo passo, que consiste em eliminar o sentido moral desta inclusão – que cada um, enquanto sujeito de direitos iguais, é respeitado na sua dignidade humana – é problemático. É certo que, tendo em conta os erros fatais da política

---

([40]) Kenneth Baynes, «Toward a political conception of Human Rights», in *Philosophy and Social Criticism* 35/2009, pp. 371-390.

([41]) Kennth Baynes, «Discourse ethics and the political conception of human rights», in *Ethics & Global Politics* 2/2009, pp. 1-21.

dos direitos humanos, é imprescindível ter cautela. No entanto, estes não constituem motivo suficiente para privar os próprios direitos humanos do seu valor acrescentado do ponto de vista moral e para limitar, *a priori*, o foco da temática dos direitos humanos a questões da política *internacional*([42]). O minimalismo esquece que a tensão que continua a existir *dentro do Estado* entre direitos humanos universais e direitos civis particulares constitui o fundamento normativo para a dinâmica internacional([43]). A difusão global dos direitos humanos, se não se tiver em conta este nexo, necessita de uma justificação separada. O mesmo visa o argumento de que em relações internacionais as obrigações morais entre Estados (e cidadãos) só surgem do entrelaçamento sistémico crescente de uma sociedade mundial cada vez

---

([42]) «Os direitos humanos são entendidos em primeiro lugar como normas internacionais que visam proteger interesses humanos fundamentais e garantir que os indivíduos tenham a possibilidade de participar na sociedade política enquanto membros.» (*Idem*, p. 7)

([43]) Sobre a crítica contra esta posição minimalista, cf. Rainer Forst, «The justification of human rights and the Basic Right to Justification. A Reflexive Approach», in *Ethics* 120/2010, pp. 711-740. O autor diz o seguinte:

«Em termos gerais, é errado sublinhar a função político-jurídica destes direitos como justificação para uma política de intervenção legítima, porque isto significaria pôr o carro à frente dos bois. Primeiro, temos de construir (ou encontrar) o número justificado de direitos humanos que uma autoridade política legítima tem de respeitar e garantir, antes de, no segundo passo, podermos colocar a questão relativa ao tipo de estruturas jurídicas necessárias a nível internacional para supervisionar e garantir estes direitos, de modo a que o domínio político seja realmente exercido desta maneira.» (p. 726)

Independentemente disso, o estreitamento esboçado da visão das relações internacionais sugere a ideia de uma exportação paternalista dos direitos humanos, com a qual o Ocidente agracia o resto do mundo.

mais interdependente([44]). Nesta perspetiva, os direitos à inclusão só surgem da dependência recíproca em interações coordenadas *de facto*([45]). Este argumento possui uma certa força interpretativa para a questão empírica de como nas nossas sociedades de bem-estar se gera uma sensibilidade para as legítimas reivindicações de grupos marginalizados e desfavorecidos da população que desejam ser incluídos em condições de vida liberais. As próprias reivindicações normativas justificam-se com base numa moral universalista cujos conteúdos penetraram, há muito, nos direitos humanos e civis das constituições democráticas, através da ideia de dignidade humana. Este nexo *interno* entre dignidade humana e direitos humanos é o único que permite estabelecer aquela ligação explosiva da moral ao direito, na qual é necessário proceder à construção de ordens políticas mais justas.

Esta carga moral do direito resulta das revoluções constitucionais do século XVIII. Quem neutraliza esta tensão também prescinde de uma compreensão dinâmica que sensibiliza os cidadãos das nossas próprias sociedades mais ou menos liberais para um aproveitamento cada vez mais intenso dos direitos fundamentais existentes e para o perigo cada vez mais agudo de deterioração das liberdades garantidas.

([44]) Joshua Cohen, «Minimalism about human rights: The most we can hope for?», in *The Journal of Political Philosophy* 12/2004, pp. 190-213.

([45]) «Os direito e os deveres correspondentes surgem menos como direitos que cabem aos indivíduos em virtude da sua humanidade, de que das relações especiais entre os indivíduos». (Jeremy Baynes, «Toward a political conception of Human Rights», *ibidem*, p. 382)

A CRISE
DA UNIÃO EUROPEIA À LUZ
DE UMA CONSTITUCIONALIZAÇÃO
DO DIREITO INTERNACIONAL

UM ENSAIO SOBRE
A CONSTITUIÇÃO DA EUROPA[46]

---

[46] Agradeço a Armin von Bogdandy pela ajuda pormenorizada, assim como a Claudio Franzius e Christoph Möllers pelos conselhos críticos.

I

POR QUE MOTIVO A EUROPA É, HOJE, VERDADEIRAMENTE, UM PROJETO CONSTITUCIONAL

Na crise atual, pergunta-se, frequentemente, por que razão haveremos de insistir, sequer, na existência da União Europeia ou até no velho objetivo de uma «união política cada vez mais estreita», uma vez que o motivo inicial de tornar impossível as guerras na Europa se teria esgotado. Existem várias respostas para esta questão. Gostaria de desenvolver, em seguida, uma narrativa nova e convincente, a partir da perspetiva de uma constitucionalização do direito internacional[47], que, associando-se a Kant, aponta para uma futura situa-

---

[47] Jochen Abr. Frowein, «Konstitutionalisierung des Völkerrechts», in Jürgen Dicke et al., *Völkerrecht und Internationales Privatrecht in einem sich globalisierenden internationalen System*, Berichte der Deutschen Gesellschaft für Völkerrecht, vol. 39, Heidelberg: C. F. Müller 2000, pp. 427-447. Esta perspetiva aproxima-se sobretudo da ciência jurídica alemã, mas impõe-se, hoje, sobretudo por razões políticas; sobre esta questão, cf. o prefácio em Claudio Franzius, Franz C. Mayer e Jürgen Neuer (orgs.), *Strukturfragen der Europäischen Union*, Baden-Baden: Nomos, 2010, p. 16. Martti Koskenniemi, no seu artigo intitulado «Between coordination and constitution. Law as German discipline», (in Martti Koskenniemi, Between coordination and constitution. International law as German discipline, in *Redescriptions. Yearbook of Political Thought, Conceptual History and Feminist Theory* 14/2010), oferece uma análise brilhante do contributo dos autores de língua alemã para a história do direito internacional, contributo esse que também elucida o valor preeminente da ideia de uma constitucionalização do direito internacional na jurisprudência alemã.

ção jurídica cosmopolita, muito além do *status quo*(⁴⁸):
a União Europeia pode ser entendida como um passo
importante no caminho para uma sociedade mundial
constituída politicamente(⁴⁹). As energias favoráveis à
Europa pulverizaram-se na polémica à volta destas questões constitucionais no difícil caminho para o Tratado
de Lisboa, mas, independentemente das consequências constitucionais do «governo económico» europeu,
agora em preparação, esta perspetiva é recomendável,
atualmente, por duas outras razões. Por um lado, o
debate atual restringiu-se às saídas imediatas da atual
crise bancária, monetária e da dívida, perdendo de vista
a dimensão política (1); por outro, conceitos políticos
incorretos ocultam a força civilizadora da juridicização
democrática – e, portanto, também o compromisso

(⁴⁸) Sobre esta interpretação de Kant, para quem o modelo de associação de Estados constitui apenas um passo no caminho para uma integração mais profunda dos povos, cf. Ulrich Thiele, «Von der Volkssouveränität zum Völker(staats)recht. Kant – Hegel – Kelsen: Stationen einer Debatte», in Oliver Eberl (org.), *Transnationalisierung der Volkssouveränität. Radikale Demokratie diesseits und jenseits des Staates*, Estugarda: Franz Steiner 2011, pp. 175-196. O autor afirma o seguinte: «Qualquer tratado especial que, por razões da paz perpétua, transfira os direitos de soberania nacionais para órgãos supraestatais ou inter-
-estatais, terá de resultar de um 'tratado dos povos entre si' e não só de um tratado dos soberanos de facto.» (p. 179).

(⁴⁹) Entre 1995 e 2005, debrucei-me várias vezes sobre a ideia kantiana de um direito civil mundial; sobre esta questão, cf. Jürgen Habermas, «Kants Idee des ewigen Friedens – aus dem historischen Abstand von 200 Jahren», in *Die Einbeziehung des Anderen. Studien zur politischen Theorie*, Frankfurt am Main: Suhrkamp 1996, pp. 192-236; «Hat die Konstitutionalisierung des Völkerrechts noch eine Chance?», in *Der gespaltene Westen*, Frankfurt am Main: Suhrkamp 2004, pp. 113-
-193; «Eine politische Verfassung für die pluralistische Weltgesellschaft?», in *Zwischen Naturalismus und Religion*, Frankfurt am Main: Suhrkamp 2005, pp. 324-365.

associado desde o início ao projeto constitucional europeu (2).

(1) A redução à perspetiva economicista é tanto mais incompreensível quanto os entendidos parecem concordar no diagnóstico da causa mais profunda da crise: faltam competências à União Europeia para a harmonização necessária das economias nacionais, drasticamente divergentes do ponto de vista da sua competitividade. É certo que, a curto prazo, a crise atual atrai todas as atenções[50]. No entanto, os responsáveis também não podem esquecer o erro de construção na base de uma união monetária que não possui as necessárias capacidades políticas de controlo a nível europeu, erro esse que não pode ser eliminado a curto prazo. O «Pacto para a Europa» repete um erro antigo: os compromissos juridicamente não vinculativos, assumidos no círculo dos chefes de Governo, são ineficazes ou não-democráticos e, por isso, têm de ser substituídos por uma institucionalização das decisões comuns que seja insuspeita do ponto de vista democrático[51].

O Governo federal alemão tornou-se o acelerador de uma perda de solidariedade a nível europeu, porque fechou os olhos durante demasiado tempo à única saída construtiva que, entretanto, o próprio *Frankfurter Allgemeine Zeitung* descreve com a fórmula lacónica «mais Europa». Os governos envolvidos não têm tido coragem até agora; debatem-se, impotentes, com o dilema entre os imperativos dos grandes bancos e agências de nota-

---

[50] A forma como os políticos lidam com esta crise revela uma enorme insegurança no que diz respeito a prognósticos por parte de especialistas das ciências económicas.

[51] Sobre esta questão, cf. o meu artigo «Um pacto para ou contra a Europa?» (p. 163 nesta obra).

ção, por um lado, e o seu receio de correrem o risco de perda de legitimidade junto das suas próprias populações frustradas. O incrementalismo desnorteado revela a ausência de uma perspetiva de maior alcance.

Os Estados da OCDE têm todos cada vez mais dificuldade, desde o fim dos dias do *embedded capitalism* e desde que os mercados globalizados começaram a fugir ao controlo da política, em estimular o crescimento económico, garantindo, simultaneamente, uma repartição de rendimentos mais ou menos justa e segurança social para vastas camadas da população. Após a liberalização das taxas de câmbio, estas diminuíram, temporariamente, o problema, uma vez que a inflação era algo aceite; quando esta política provocou custos sociais demasiado elevados, escolheram, como saída alternativa, um financiamento crescente dos orçamentos públicos, recorrendo a créditos. No entanto, as tendências comprovadas pelas estatísticas das duas últimas décadas mostram que a desigualdade social e a insegurança no que diz respeito ao estatuto aumentaram na maioria dos países da OCDE, embora os governos tenham coberto a sua necessidade de legitimação com dívidas soberanas que aumentaram exponencialmente. Agora, a crise financeira que perdura desde 2008 também bloqueou o mecanismo da dívida soberana. E, por enquanto, não se consegue prever como será possível compatibilizar, a longo prazo, as políticas de austeridade, mesmo assim difíceis de implementar em termos de política interna, com a manutenção de um nível de Estado social suportável. As revoltas de jovens em Espanha e na Grã-Bretanha constituem um alerta de ameaça à paz social.

Nesta circunstâncias, reconheceu-se que o verdadeiro desafio estava no desequilíbrio entre os imperativos dos mercados e a força reguladora da política.

Deveria haver na zona euro um vago «governo económico», em projeto, que deverá revitalizar o Pacto de Estabilidade, há muito esvaziado. Jean-Claude Trichet exige um Ministério das Finanças comum para a zona euro, sem, no entanto, referir a parlamentarização da política financeira correspondente, também necessária, nesse caso, ou sem sequer ter em conta o facto de a gama das políticas de concorrência relevantes exceder, de longe, a política fiscal, afectando os poderes orçamentais dos Parlamentos nacionais. De qualquer modo, este debate mostra que a astúcia da (ir)racionalidade económica voltou a colocar a questão do futuro europeu na agenda política.

Wolfgang Schäuble, o último «europeu» no governo de Merkel, sabe que uma transferência de competências do nível nacional para o nível europeu afecta a legitimação democrática. Mas a eleição direta de um Presidente da União Europeia, que Schäuble defende há muito tempo, não seria senão um disfarce para o empoderamento tecnocrático de um conselho do núcleo da Europa que governaria através das suas decisões informais, ignorando os Tratados.

Estas ideias de um «federalismo executivo» especial[52] refletem o receio das elites políticas em trans-

---

[52] Stefan Oeter utiliza esta expressão no seu artigo «Föderalismus und Demokratie» (in Armin von Bogdandy/Jürgen Bast (orgs.), *Europäisches Verfassungsrecht. Theoretische und dogmatische Grundzüge*, Heidelberg: Springer 2010, pp. 73-120) num sentido diferente: «No sistema da UE, as burocracias dos Estados-Membros livram-se, em grande parte, do controlo dos Parlamentos domésticos (nacionais), deslocando os problemas de decisão para o nível da União. No entanto, o controlo político ao qual estão sujeitos ao nível europeu não tem qualquer comparação com o controlo nos sistemas constitucionais nacionais.» (p. 104)

formar o projeto europeu concretizado, até agora, à porta fechada, no modelo «descamisado» de debate de opiniões sonoro, com ampla participação pública. Seria de esperar que os políticos, face ao peso inaudito dos problemas, colocassem, finalmente – sem restrições – as cartas europeias na mesa e elucidassem abertamente a população sobre a relação entre os custos a curto prazo e os verdadeiros benefícios, portanto, sobre a importância histórica do projeto europeu. Eles deveriam superar o medo do clima de sondagens de opinião pública e confiar na capacidade de convencimento de bons argumentos. Não houve, até à data, governo envolvido ou partido político que não tenha recuado perante este passo. Em vez disso, muitos aproximam-se de uma atitude populista, criada por eles próprios, através da ocultação de um tema complexo e impopular. A política parece suster a respiração e baixar a cabeça face à passagem da unificação económica para a unificação política da Europa. A que se deve esta acataplexia?

De acordo com a conhecida «resposta do *demos*», uma perspetiva presa ao século XIX, não existe um povo europeu; por isso, uma União Política que mereça esse nome está construída sobre a areia([53]). Gostaria de contrapor a esta interpretação uma outra melhor: a continuação da fragmentação política no mundo e na Europa está em contradição com a progressiva convergência sistémica de uma sociedade multicultural à escala mundial e impede a existência de progressos na

---

([53]) Este clima foi fomentado, em tempos, na Alemanha, pela reunificação da nação dividida, em contraciclo com o Tratado de Maastricht, cf., por exemplo, Hermann Lübbe, *Abschied vom Superstaat. Vereinigte Staaten von Europa wird es nicht geben*, Berlim: Siedler 1994.

civilização constitucional das relações de poder estatais e sociais([54]).

(2) Gostaria de começar por lembrar, numa retrospetiva rápida da relação precária entre direito e poder, em que consiste a força civilizadora do direito democrático. O domínio político constituiu-se – desde os inícios do poder estatal nas primeiras culturas superiores – na forma do direito. A «ligação» entre direito e política é tão antiga como o próprio Estado, sendo que o direito desempenhou, durante milhares de anos, um papel discrepante: serviu um poder exercido de forma autoritária, enquanto instrumento de organização, e constituiu, simultaneamente, uma fonte de legitimação imprescindível para as dinastias reinantes. Enquanto a ordem jurídica foi estabilizada através do poder sancionatório do Estado, o domínio político, para ser aceite como justo, alimentou-se, por seu lado, da força legitimadora do direito sacral administrado pelo mesmo. Inicialmente, o direito e o respetivo poder do rei receberam a sua aura sagrada da ligação a forças míticas, mais tarde, da invocação do direito natural religioso. Mas só depois de o instrumento do direito se ter diferenciado do *ethos* da sociedade no Império Romano é que conseguiu impor-se e, por fim, desenvolver uma influência racionalizadora, através da canalização jurídica do exercício do poder([55]).

([54]) Norbert Elias (*Über den Prozeß der Zivilisation*, 2 volumes, Berna/Munique: Francke-Verlag 1969, 2 volumes) desenvolve o conceito de civilização sobretudo em relação ao aumento das capacidades sociopsicológicas de autocontrolo existentes no processo de modernização.

([55]) A teoria dos sistemas descreve este processo como «ligação» dos sistemas parciais diferenciados e com códigos específicos consti-

Porém, antes de ser possível tornar a legitimação do poder dependente de uma aprovação por parte dos súbditos institucionalizada juridicamente foi necessário secularizar o poder estatal e positivizar totalmente o direito. Só então pode começar a juridicização democrática *do exercício* do poder político relevante no nosso contexto. Esta desenvolve não só uma força *racionalizadora*, mas também *civilizadora*, na medida em que retira o carácter autoritário ao poder estatal, alterando, assim, o estado de agregação da própria esfera política. Carl Schmitt, enquanto teólogo político, olhou com desconfiança para esta tendência civilizadora, uma vez que, ao amolecer o núcleo autoritário do poder, ela também lhe retirou a sua aura sacral[56]. Ele entende a «substância» do «político» como a capacidade de autoafirmação de um poder de domínio constituído juridicamente, ao qual, no entanto, não devem ser colocados quaisquer entraves normativos.

Segundo a interpretação de Schmitt, esta substância ainda se manifestava no início da Idade Moderna, na luta dos Estados soberanos contra inimigos externos e internos. Ela só se desagregou com as revoluções constitucionais do século XVIII, antes de mais, no interior do Estado. O Estado constitucional transforma os cidadãos de uma sociedade em cidadãos democráticos de um Estado; já não conhece «inimigos internos», mas – mesmo no combate aos terroristas – apenas criminosos[57]. A relação do Estado soberano com o exterior

---

tuídos pelo direito e pela política; cf. Niklas Luhmann, *Das Recht der Gesellschaft*, Frankfurt am Main: Suhrkamp 1994.

[56] Heinrich Meier, *Die Lehre Carl Schmitts*, Estugarda: J. B. Metzler 2004.

[57] Carl Schmitt, *Der Begriff des Politischen*, Berlim: Dunker & Humblot 1969 (1932).

é a única que continua, até à altura, a ser «poupada» aos entraves normativos da juridicização democrática([58]). Não é necessário concordar com esta avaliação para reconhecer o conteúdo descritivo que se revela quando o «político» é reconduzido da névoa de um contra-iluminismo com aura para o núcleo de um poder de decisão e de configuração juridicizado democraticamente.

Só depois do fracasso da Sociedade das Nações e do fim da Segunda Guerra Mundial é que se deu início nas relações internacionais – tanto com a fundação da ONU, como com o início do processo de unificação europeia – a uma juridicização que vai além das tentativas hesitantes de delimitação da soberania estatal através do direito internacional (pelo menos, *in bello*) ([59]).

O processo de civilização que prossegue nestas tendências, aceleradas após o fim da Guerra Fria, pode ser descrito de dois pontos de vista complementares: em termos imediatos, a domesticação da violência entre Estados visa uma pacificação dos Estados; no entanto, indiretamente, isto é, através do refreamento da concorrência anárquica do poder e através da promoção da cooperação entre os Estados, esta pacificação também permite a construção de novas capacidades de ação supranacionais. Só estas novas capacidades de comando transnacionais permitem dominar também as forças de natureza *social*, sem ligações a nível transnacional, isto é,

---

([58]) É neste contexto que se situa a polémica que Carl Schmitt alimentou toda a sua vida contra a punição da guerra de agressão pelo direito internacional; cf. Carl Schmitt, *Die Wendung zum diskriminierenden Kriegsbegriff*, Berlim: Duncker & Humblot 1988 (1938).

([59]) Martti Koskenniemi, *The Gentle Civilizer of Nations. The Rise and Fall of International Law 1870-1960*, Cambridge: Cambridge UP 2001.

as pressões sistémicas que são exercidas livremente, ultrapassando as fronteiras nacionais (atualmente, relacionadas, sobretudo, com o sector bancário global) [60]. A evolução do direito não se concretizou, até agora, nem de forma pacífica nem linear, como é óbvio. Se, nesta dimensão, queremos falar sequer de conquistas, tal como Kant fez, no seu tempo, perante as consequências da Revolução Francesa [61], temos de reconhecer que os «progressos na legalidade» sempre foram efeitos secundários das lutas de classes, de conquistas imperialistas e de atrocidades coloniais, de guerras mundiais e crimes contra a humanidade, de destruições pós-coloniais e de desenraizamentos culturais. No entanto, do nosso ponto de vista, esta dimensão da mudança constitucional deu origem a inovações notáveis. Duas destas inovações explicam como é possível uma transnacionalização da soberania dos povos na forma de uma confederação de Estados nacionais. Por um lado, os Estados nacionais subordinam-se ao direito estabelecido a nível supranacional; por outro, a totalidade dos cidadãos da União partilha o poder constituinte com um número limitado de «Estados constituintes» que recebem das suas populações um mandato para colaborar na fundação de uma comunidade supranacional.

[60] David Held/Anthony McGrew, *Governing Globalization. Power Authority, and Global Governance*, Cambridge: Polity Press 2002.

[61] No escrito intitulado *O Conflito das Faculdades*, Kant, olhando para este acontecimento, fala «de um incidente do nosso tempo que comprova esta tendência moral da espécie humana». No entanto, trata-se apenas «da maneira de pensar do espectador, que revela publicamente, neste jogo de grandes mudanças», uma disposição para o avanço na moral. (*Werksausgabe in zwölf Bänden*, editado por Wilhelm Weischedel, vol. XI, *Schriften zur Anthropologie, Geschichtsphilosophie, Politik und Pädagogik 1*, Frankfurt am Main: Suhrkamp 1968, pp. 265-393, p. 357.

Se considerarmos a evolução da União Europeia destes pontos de vista, veremos que o caminho para uma Europa (de núcleo duro) capaz de agir politicamente e legitimada democraticamente não está, de maneira alguma, bloqueado. É verdade que o Tratado de Lisboa já representa o troço mais longo do caminho (II). O papel civilizador da unificação europeia só é importante à luz de um cosmopolitismo mais abrangente. Na última parte, regressarei às tendências do direito internacional que se iniciaram com a proibição da violência pelo direito internacional, assim como com a criação da ONU e da sua política de direitos humanos, e tentarei juntar as diversas peças do *puzzle* num esboço construtivo de uma ordem constitucional global (III).

II

A UNIÃO EUROPEIA PERANTE A DECISÃO ENTRE A DEMOCRACIA TRANSNACIONAL E O FEDERALISMO EXECUTIVO PÓS-DEMOCRÁTICO

Há muito que a densa rede de organizações supranacionais suscita o receio de uma possível destruição do nexo, garantido no Estado nacional, entre os direitos fundamentais e a democracia, assim como de uma expropriação das entidades soberanas democráticas por poderes executivos que se tornaram independentes a nível mundial[62]. Esta preocupação aglomera duas questões diferentes. Dada a necessidade de concisão que aqui se impõe, não posso tomar posição em relação à questão empírica e legítima da existência de uma dinâmica económica na sociedade mundial que reforça, há décadas, um défice democrático de longa data[63]. No entanto, e tomando o exemplo da União Europeia,

---

[62] Cf. a crítica de Ingeborg Maus, «Menschenrechte als Ermächtigungsnormen internationaler Politik oder: der zerstörte Zusammenhang von Menschenrechten und Demokratie», in Hauke Brunkhorst, Wolfgang R. Köhler e Matthias Lutz-Bachmann (orgs.), *Recht auf Menschenrechte. Menschenrechte, Demokratie und internationale Politik*, Frankfurt am Main 1999, pp. 276-292; idem, «Verfassung oder Vertrag. Zur Verrechtlichung globaler Politik», in Peter Niesen/Benjamin Herborth (orgs.), *Anarchie der kommunikativen Freiheit. Jürgen Habermas und die Theorie der internationalen Politik*, Frankfurt am Main: Suhrkamp 2007, pp. 350-382.

[63] Machael Zürn/Matthias Ecker-Erhardt (orgs.), *Die Politisierung der Weltpolitik* (no prelo); cf. também David Held/Anthony McGrew (orgs.), *The Global Transformations Reader. An Introduction to the Globalization Debate*, Cambridge: Polity Press 2000.

gostaria de me debruçar sobre outra afirmação, da qual se alimenta sobretudo o derrotismo político, nomeadamente, de que não seria possível uma transnacionalização da soberania do povo sem diminuição do nível de legitimação.

Para tal, tenho de eliminar um bloqueio ao pensamento que, ao sugerir a existência de uma dependência concetual da soberania do povo em relação à soberania do Estado (1.), impede que se avance. Gostaria, então, de conceber a transnacionalização da soberania do povo recorrendo a três componentes variáveis, que só se sobrepõem completamente a nível nacional. Os três componentes são, por um lado, a comunitarização de pessoas jurídicas livres e iguais; por outro, a organização de capacidades de ação coletivas e, por fim, o instrumento da integração de uma solidariedade cívica entre estranhos. Estes componentes adquirem uma nova configuração a nível europeu. A este nível, as duas inovações, notáveis, consistem no facto de os Estados-Membros, que preservam o seu monopólio da violência, se subordinarem, por razões funcionais, ao direito supranacional, mesmo que com uma reserva interessante (2.), e partilharem, num determinado sentido, a sua «soberania» com a totalidade dos cidadãos da União (3.). Esta reconfiguração dos componentes de uma comunidade democrática na forma de uma federação desestatizada não significa uma perda de legitimação, uma vez que os cidadãos da Europa têm boas razões para que o seu respectivo Estado nacional, no papel de um Estado-Membro, *continue* a desempenhar *o papel constitucional* de garante do direito e da liberdade. No entanto, a «partilha da soberania» entre os cidadãos da União Europeia e os povos da Europa também deveria ser transposta para uma colegislação consequente e para uma responsabilidade simétrica da Comissão perante o Conselho e o Parlamento (4.). Por fim, regresso ao tema dos limites à solidariedade entre os cidadãos de Estado, visíveis, de forma clara, na crise atual (5.).

1. Contra uma reificação da soberania do povo

Temos de saber o que queremos entender por democracia, antes de podermos chegar a uma ideia clara quanto à possibilidade de decompor o procedimento democrático do Estado nacional. Autodeterminação democrática significa que os destinatários das leis coercivas são, simultaneamente, os autores das mesmas. Numa democracia, os cidadãos estão sujeitos apenas às leis que estabeleceram para si, de acordo com um procedimento democrático[64]. Este procedimento deve a sua força legitimadora, por um lado, à inclusão (seja em que forma for) de todos os cidadãos nos processos políticos de decisão e, por outro, à articulação entre decisões por maioria (se necessário, qualificada) e formação de opinião deliberativa. Este tipo de democracia transforma o uso das liberdades comunicativas por parte dos cidadãos do Estado em forças produtivas igualmente numerosas para a *autoinfluência* legítima – isto é, generalizadora simultaneamente de interesses e eficaz – *de uma sociedade civil politicamente organizada*. A influência

---

[64] Sobre o procedimento democrático e, em geral, a compreensão deliberativa da política democrática, cf. os meus artigos: «Drei normative Modelle der Demokratie» (1996) e «Hat die Demokratie noch eine epistemische Dimension? Empirische Forschung und normative Theorie» (2008), in Jürgen Habermas, *Philosophische Texte*, vol. 4, *Politische Theorie, ibidem*, pp. 70-86 e pp. 87-139.

cooperativa dos cidadãos sobre as suas condições sociais de existência requer a existência de um espaço de ação correspondente para o Estado, a fim de que este possa desenvolver uma configuração política das condições de vida. Neste sentido, existe um nexo concetual entre a soberania do povo e a soberania do Estado. O aumento, sem controlo político, da complexidade da sociedade mundial, que restringe, cada vez mais, de forma sistémica, o espaço de manobra dos Estados nacionais, leva a que a exigência de alargar as capacidades políticas de atuar além das fronteiras nacionais resulte do próprio sentido normativo da democracia. Os Estados tentaram compensar, em parte, a perda, entretanto surgida, de capacidades de solução de problemas com a ajuda de organizações internacionais([65]); mas, independentemente da problemática simetria de poderes existente na composição da maioria dos regimes internacionais baseados em tratados, os Estados envolvidos, caso sejam constituídos de acordo com os princípios da democracia, pagam a governação baseada na intergovernabilidade com o decréscimo dos níveis de legitimação. O facto de os governos que enviam os seus representantes para organizações internacionais serem democraticamente eleitos não chega para compensar este dano([66]).

([65]) Para esta questão, cf. Michael Zürn, «Dir Rückkehr der Demokratiefrage. Perspektiven demokratischen Regierens und die Rolle der Politikwissenschaft», in *Blätter für deutsche und internationale Politik* 6/2011, pp. 63-74.

([66]) Sobre as razões para tal, cf. Christoph Möllers, *Die drei Gewalten. Legitimation der Gewaltentgliederung in Verfassungsstaat, Europäischer Integration und Internationalisierung*, Weilerswist: Velbrück Wissenschaft 2008, pp. 158 ss.

Por conseguinte, o aumento do poder das organizações internacionais, de facto, enfraquece os procedimentos democráticos dos Estados nacionais, na medida em que as funções dos mesmos são transferidas para o nível de governação transnacional. Se, por um lado, não nos queremos conformar a tal, mas, por outro, temos de admitir como irreversível a dependência crescente dos Estados nacionais dos constrangimentos sistémicos de uma sociedade mundial cada vez mais interdependente, impõe-se a necessidade política de alargar os procedimentos democráticos para lá das fronteiras do Estado nacional. Esta necessidade resulta da lógica da autoinfluência de uma sociedade civil democrática sobre as suas condições de existência: «se um sistema é tanto mais democrático quanto mais possibilidade oferece aos seus cidadãos de se governarem a si próprios em assuntos que lhes são importantes, então, em muitos casos, um sistema grande seria mais democrático de que um pequeno, uma vez que a sua capacidade para cumprir determinadas tarefas – pensemos na defesa do país ou na poluição ambiental – seria maior»([67]). No entanto, isto não chega para eliminar a dúvida acerca da exequibilidade, sequer, da transnacionalização da soberania do povo([68]). É óbvio que imperativos surgidos em circunstâncias em que a lógica da própria democracia se altera podem não resistir à realidade. No entanto, o ceticismo

---

([67]) Robert A. Dahl, «Federalism and the democratic process», in J. Roland Pennock/John W. Chapman (orgs.), *Nomos XXV: Liberal Democracy*, Nova Iorque: New York UP 1983, pp. 95-108, p. 105.

([68]) Thomas Groß, «Postnationale Demokratie – gibt es ein Menschenrecht auf transnationale Selbstbestimmung?», in *Rechtswissenschaft* 2/2011, pp. 125-153.

mais renitente em relação a uma juridicização *democrática* do domínio político que vai além das fronteiras nacionais alimenta-se de um mal-entendido coletivista que mistura soberania do povo e soberania do Estado. Este mal-entendido que se cria na interpretação comunitarista e liberal, assim como na conservadora e nacionalista, deve-se à hipergeneralização de uma constelação histórica acidental e leva à ignorância do caráter artificial e, portanto, difuso de uma consciência da identidade nacional construída na Europa do século XIX[69].

Os cidadãos que participam em eleições democráticas e autorizam alguns a agir em nome de todos participam, certamente, numa prática *comum*. No entanto, isto faz com que as decisões tomadas democraticamente não sejam decisões de um coletivo num sentido *genericamente distributivo*, uma vez que surgem de uma multiplicidade de tomadas de posições individuais que foram produzidas e processadas de acordo com regras democráticas. É necessária uma interpretação coletivista para transformar resultados de processos pluralistas de formação de opinião e de vontade em manifestações de uma vontade popular soberana que se autoriza a si própria a agir. E é só com base nesta singularização objetivizante que a soberania do povo pode ser apresentada *como o reverso* da soberania do Estado. Ela aparece, então, como a imagem simétrica da soberania de um Estado dotado de *ius ad bellum*, no sentido do direito internacional clássico, gozando, portanto, de uma liberdade de ação ilimitada, ou melhor, limitada apenas pelas decisões de sujeitos de direito internacional

---

[69] Hagen Schulze, *Staat und Nation in der Europäischen Geschichte*, Munique: C.H. Beck 1994, p. 189.

concorrentes([70]). Nesta perspetiva, a ideia de soberania do povo encontra a sua realização plena na soberania externa do Estado. Os cidadãos podem, por assim dizer, contemplar-se a si próprios nas ações deste Estado como membros de um coletivo político com uma ação conjunta([71]).

As liberdades republicanas, o serviço militar obrigatório e o nacionalismo têm todos origem histórica na Revolução Francesa, mas a força sugestiva da figura de pensamento que cria um nexo *forte* entre a autodeterminação democrática a nível interno e a soberania estatal a nível externo, não pode ser generalizada além deste contexto histórico, uma vez que a *liberdade de ação* do Estado soberano, garantida no direito internacional clássico, é de uma espécie diferente da *autonomia sob «leis da liberdade»* (Kant), a que os cidadãos recorrem no Estado constitucional. Enquanto a soberania externa do Estado é pensada segundo o modelo da liberdade arbitrária, a soberania do povo manifesta-se numa legislação generalizadora do ponto de vista democrá-

---

([70]) Se tivermos em conta as condições empíricas para a real autonomia de ação de um Estado reconhecido internacionalmente nas suas fronteiras, portanto, de um Estado que não opera, de maneira alguma, sem limites, reconhecemos o excesso semântico associado desde sempre a este conceito (proveniente do absolutismo) e que, ironicamente – apesar das interdependências existentes em todo o mundo –, continua a estar associado ao mesmo; sobre esta questão no nosso contexto, cf. Neil Walker (org.), *Sovereignty in Transition*, Oxford: Hart Publishing 2003.

([71]) Carl Schmitt (*Verfassungslehre*, Berlim: Duncker & Humblot 1983 [1928], § 17) inverteu este nexo na interpretação precisa de uma democracia plebiscitária do líder: existencialmente, os cidadãos do Estado, no ato da sua autoafirmação coletiva, sobretudo na guerra, corroboram uma constituição política que não lhes garante uma participação democrática, mas uma tomada de posição plebiscitária.

tico que garante a todos os cidadãos as mesmas liberdades. Em termos concetuais, a «liberdade arbitrária» é substancialmente diferente da «liberdade legal». Por isso, a restrição da soberania nacional em prol de uma transferência dos direitos de soberania para instâncias supranacionais não *deve*, de maneira alguma, ser conseguida à custa da declaração de incapacidade de cidadãos democráticos. Esta transferência – *caso deixe intactos os procedimentos democráticos* – prossegue precisamente aquele tipo de constitucionalização do poder estatal ao qual os cidadãos já devem as suas liberdades no seio do Estado nacional.

Porém, não basta que as competências entregues pelo Estado nacional a instâncias supranacionais ou partilhadas com as mesmas sejam juridicizadas em regimes baseados em tratados internacionais, elas têm de ser juridicizadas *de forma democrática*. No caso de transferência de direitos de soberania, o espaço de manobra da autonomia cívica só não fica reduzido se os cidadãos do Estado em causa participarem na legislação supranacional em cooperação com os cidadãos dos outros Estados envolvidos e isto *de acordo com um procedimento democrático*([72]). O crescimento territorial por si só, portanto, o alargamento puramente numérico do universo

---

([72]) Este requisito «forte» exclui todas as propostas de compromisso que reduzem as exigências de legitimação aplicáveis a processos de decisão supranacionais. A legitimação democrática não pode ser substituída por um dos seus elementos (como a responsabilidade, a justificação deliberativa, a transparência ou o respeito pelos princípios do Estado de direito); sobre este debate, cf. os artigos de Jürgen Neyer, Erik Oddvar Eriksen, assim como de Frank Nullmeier e Tanja Pritzlaff in Rainer Forst/Rainer Schmalz-Bruns (orgs.), *Political Legitimacy and Democracy in Transnational Perspective*, Arena Report n.º 2/11, Oslo 2011.

de participantes altera a complexidade, mas não necessariamente a qualidade do processo de formação de opinião e de vontade. Por isso, enquanto as alterações quantitativas na dimensão social e espacial deixarem o processo em si intacto, isto é, não afetarem a deliberação e a inclusão, não se pode falar de uma restrição da soberania do povo[73].

Por isso, só será possível democratizar a rede internacional entretanto surgida quando se revelar possível combinar os componentes conhecidos das democracias dos Estados nacionais de forma diferente do que acontece no Estado nacional, sem que se perca a legitimação. Neste sentido, o teste a que a União Europeia se deve submeter atualmente é esclarecedor. O que está a ser submetido a um teste é a vontade e a capacidade dos cidadãos, das elites políticas e dos meios de comunicação social de realizarem, pelo menos na zona euro, o próximo passo de integração, levando assim por diante a civilização do exercício do poder político.

---

[73] Mesmo um cético como William E. Scheuerman não atribui, nesta matéria, qualquer peso significativo às pretensas vantagens da dimensão reduzida; sobre esta questão, cf. o seu artigo «Der Republikanismus der Aufklärung im Zeitalter der Globalisierung», in Oliver Eberl (org.), *Transnationalisierung der Volkssouveränität*, ibidem, pp. 251-270. O texto inclui as seguintes afirmações: «A dimensão reduzida não é um dado histórico que determine o tamanho adequado do território estatal de forma directamente perceptível, mas trata-se de um estado historicamente alterável, sujeito à 'compressão espácio-temporal' atual.» (p. 265) Por outro lado, também não podemos menosprezar o perigo de distorção sistemática ao qual estão expostos os circuitos de comunicação em públicos políticos que vivem em grandes territórios e são heterogéneos – sobretudo, quando os meios de comunicação social são (quase) todos privados, como nos EUA.

2. A primeira inovação: a prioridade do direito supranacional em relação ao direito nacional dos detentores do monopólio da violência

A União Europeia só conseguirá estabilizar-se a longo prazo se os passos necessários para a coordenação das políticas relevantes pressionados por imperativos económicos não forem dados de acordo com o estilo governativo-burocrático, habitual até à data, mas sim através de uma juridicização suficientemente democrática. No entanto, os próximos passos da política constitucional ficarão tolhidos enquanto nos movermos no espectro concetual entre a federação de Estados e o Estado federal ou nos contentarmos em negar, *de forma indeterminada*, esta alternativa. Antes de podermos reconhecer que ainda continua a faltar legitimação às decisões europeias, temos de reconhecer a qualidade democrática da forma que a União Europeia já assumiu com o Tratado de Lisboa([74]).

Para tal, distingo três elementos basilares([75]), que, de uma maneira ou outra, têm de encontrar a sua expressão em todas as comunidades democráticas:

- a comunitarização de pessoas jurídicas que se juntam, num espaço delimitado, numa associação de cidadãos livres e iguais, concedendo-se recipro-

---

([74]) Ingolf Pernice, «Verfassungsverbund», in Franzius/Mayer//Neyer (orgs.), *Strukturfragen der Europäischen Union, ibidem*, pp. 102--109.

([75]) Hauke Brunkhorst, «A polity without a state? European constitutionalism between evolution and revolution», in Erik Oddvar Eriksen, John Erik Fossum e Agustín José Menéndez (orgs.), *Developing a Constitution for Europe*, Londres: Routledge 2004; *idem*, «State and constitution: A reply to Scheuerman», in *Constellations* 15/2008, pp. 493-501.

camente direitos que garantem a cada um igual autonomia privada e cívica;
– a repartição de competências no âmbito de uma organização que garante, através de meios administrativos, a capacidade de ação coletiva dos cidadãos associados; e
– o instrumento de integração de solidariedade cívica no âmbito de um Estado ou de uma entidade supraestatal, necessária para a formação de uma vontade política comum e, portanto, para a criação comunicativa de poder democrático e para a legitimação do exercício do poder([76]).

Na perspetiva da sistemática jurídica, normalmente, os primeiros dois componentes são tratados na parte relativa aos direitos fundamentais e à organização de uma Constituição, enquanto o terceiro componente se refere ao «povo do Estado» – requisito funcional para a formação da vontade democrática – isto é, em primeiro lugar, às condições político-culturais para o nexo comunicativo de um espaço público político. Como a Constituição liga entre si o direito e a política, através do instrumento do direito, a distinção que se segue é

([76]) Os três componentes são elementos basilares de um sistema político de ação. Estão relacionados com
– a constituição de uma comunidade de pessoas jurídicas,
– o mandato para a ação coletiva e
– um horizonte de vida partilhado, no qual se pode formar, comunicativamente, uma vontade coletiva.
No entanto, esta conceitualização não deverá significar um juízo prévio para uma análise da ciência política concebida exclusivamente em termos de *teoria da ação*. O público político comunica com todos os restantes *sistemas funcionais* da sociedade sobre a organização estatal e fá-lo na linguagem do direito que circula em toda a sociedade.

importante para a diferenciação entre a perspetiva da ciência jurídica e a perspetiva da ciência política. O componente da comunitarização é o único que possui um carácter jurídico *direto*, uma vez que a sociedade civil *só se constitui* através do direito; uma comunidade política que satisfaz as condições de uma legitimação democrática só pode existir na forma de uma associação de companheiros de direito comunitarizada horizontalmente. O segundo componente, organizativo, regula o acesso ao poder político – aqui os fluxos do poder administrativo são canalizados juridicamente (sendo que o sistema administrativo está em comunicação com outros sistemas funcionais da sociedade); o terceiro componente, que se refere a um contexto político-cultural necessário em termos funcionais para a formação de opinião e de vontade, só pode ser pressuposto pelo direito e, na melhor das hipóteses, promovido através de medidas políticas.

Estes três componentes só se associam de forma *congruente* a nível nacional, quer na forma de um Estado unitário, quer de um Estado federal. Num Estado constitucional deste tipo, o poder estatal é programado através do procedimento democrático e na gramática das leis gerais de forma a que os cidadãos possam exercer o seu poder através de órgãos do poder legislativo, executivo e judicial. Os cidadãos de uma comunidade democrática não se submetem ao direito apenas de facto, porque o Estado ameace com sanções; eles também podem aceitar o direito como «correto» por uma questão de princípio, uma vez que este foi estabelecido de forma democrática. Esta maneira da juridicização democrática do poder político constitui uma *civilização da violência*, na medida em que o poder executivo eleito pelo povo tem de respeitar a Constituição e as leis, embora disponha de meios de violência aquartelados. Este «tem de» não exprime uma obrigação de comportamento imposta factualmente, mas sim um dever normativo habitual do ponto de vista político-cultural. Todos os golpes militares conhecidos em democracias de fachada, todos os golpes baseados em elites poderosas economicamente ou socialmente influentes mostram que isto não é óbvio.

Por conseguinte, o elemento civilizador na submissão da violência arbitrária ao direito estabelecido legitimamente por (e em nome de) submetidos ao poder existe já a nível nacional. É óbvio que a penalização do comportamento desviante por parte do Estado faz parte da lógica do direito positivo. Mas quem penaliza o detentor do monopólio da violência se este quiser comportar-se de forma diferente? No Estado nacional, os detentores do monopólio da violência, que fazem cumprir as leis, já estão subordinados ao direito democrático. Mas enquanto neste caso as instituições que estabelecem e aplicam o direito são órgãos do mesmo Estado, na União Europeia a legislação e a aplicação do direito ocorrem a níveis diferentes. À primeira vista, parece acontecer algo semelhante em Estados federais. No sistema de vários níveis da República Federal da Alemanha, o direito federal também se sobrepõe ao direito dos estados federados, enquanto os governos dos estados federados mantêm, mesmo assim, autoridade sobre a polícia (embora não sobre o Exército federal). Contudo, existe uma diferença fundamental entre o sistema de vários níveis nacional e o europeu.

Enquanto no Estado nacional de estrutura federal as competências de revisão constitucional, regra geral, estão reservadas aos órgãos federais, no sistema de vários níveis europeu estabeleceu-se a prioridade do direito da União em relação ao direito dos Estados-Membros, embora os órgãos da União não disponham de tais competências(77). Embora os Estados-Membros não possam considerar-se, pura e simplesmente, «senhores dos Tratados», a revisão ordinária dos Tratados tem de ser aprovada por unanimidade. Por conseguinte, a comunidade supranacional constitui-se como comunidade de direito e mantém o caráter vinculativo do direito da União, mesmo sem cobertura através do monopólio da violência e sem competência para tomar a decisão final. Este compromisso provoca uma alteração dos equilíbrios na relação entre o poder sancionatório estatal e o direito. A União Europeia, no exercício das suas competências legisladoras e jurisdicionais, vincula os Estados-Membros enquanto órgãos executivos, sem dispor dos poderes sancionatórios dos mesmos. E os detentores estatais do monopólio da violência admitem estar ao serviço da execução do direito europeu, que tem de ser «implementado» a nível nacional.

Com esta primeira das duas inovações que considero passos importantes para a civilização jurídica do núcleo do poder estatal, a constituição da comunidade supranacional desprende-se dos poderes organizativos dos seus membros.

Mas como compreender a prioridade do direito europeu? As decisões do Tribunal de Justiça Europeu desde o acórdão Van Gend & Loos, no ano de 1963, foram pioneiras. Desde então, o Tribunal tem sublinhado repetidamente que a vontade concreta de cum-

---

(77) Christian Calliess, *Die neue Europäische Union nach dem Vertrag von Lissabon. Ein Überblick über die Reformen unter Berücksichtigung ihrer Implikationen für das deutsche Recht*, Tübingen: Mohr Siebeck 2010, pp. 84 ss. e pp. 352 ss.

prir por parte dos Estados-Membros é imprescindível para o igual tratamento jurídico dos cidadãos da União(⁷⁸). Estas decisões limitam-se a tirar consequências do facto de os Tratados Europeus terem criado uma relação jurídica direta entre os órgãos da União e os cidadãos da União e, portanto, um nível jurídico autónomo, independente do direito dos Estados-Membros. Por outro lado, a ausência de competência para a revisão dos Tratados (na expressão do século XIX, da «competência da competência») não pode deixar de ter consequências para a forma de concetualizar a posição das instâncias jurídicas nacionais em relação às novas instâncias jurídicas europeias. Se a União não possui competência para tomar a decisão final, não é possível explicar a subordinação que existe de facto do direito nacional em relação ao direito da União, com a hierarquização habitual do direito federal e do direito dos Estados federados ou do direito constitucional e do direito secundário. A prioridade do direito europeu obedece a uma lógica diferente. Claudio Franzius fala de uma «prioridade de aplicação»(⁷⁹) com uma justificação funcional justificada e Armin von Bogdandy refere-se à «eficácia» do direito europeu, que «obriga os Estados-Membros a realizar o objetivo regulamentar de uma norma do direito comunitário»(⁸⁰).

Mas como será possível justificar uma «prioridade de aplicação» com base na autonomia do direito comuni-

---

(⁷⁸) Claudio Franzius, *Europäisches Verfassungsrechtsdenken*, Tübingen: Mohr Siebeck 2010, pp. 38 ss.
(⁷⁹) *Idem*, p. 42.
(⁸⁰) Armin von Bogdandy, «Grundprinzipien», in von Bogdandy/Bast (orgs.), *Europäisches Verfassungsrecht, ibidem*, pp. 13-71, p. 38.

tário, se este nível jurídico não pode reivindicar qualquer «prioridade em termos de validade» em relação às ordens jurídicas nacionais? O próprio Tribunal Federal Constitucional de Karlsruhe, nas suas decisões relativas ao Tratado de Maastricht e ao Tratado de Lisboa, apenas reclama uma *reserva* das constituições nacionais em relação à legislação europeia. Apesar de a crítica destes dois acórdãos, que não são, de forma alguma, pró--europeus, ser legítima, os tribunais nacionais, na sua interpretação dos Tratados Europeus, podem entender--se como guardiões legítimos da substância democrática e do Estado de direito das constituições dos respetivos Estados-Membros. Eles não estão autorizados (como pensa incorretamente o Tribunal Federal Constitucional) ([81]) a controlar os limites da transferência dos direitos de soberania nacionais para o nível europeu, mas sim (como resulta também do n.º 2 do artigo 4.º do Tratado da UE) a integridade dos princípios constitucionais nacionais constitutivos para a construção democrática e o caráter de Estado de direito do Estado-Membro em causa. Os conflitos entre os tribunais dos dois níveis([82]) refletem a dependência complementar e a interligação das constituições nacionais e do direito comunitário que inspiraram Ingolf Pernice a descrever a União

---

([81]) Christoph Schönberger, «Lisbon in Karlsruhe: Maastricht's epigones at sea», in *German Law Journal* 10/2009, pp. 1201-1218; Daniel Halberstam/Christoph Möllers, «The German constitutional court says *'Ja zu Deutschland!'*», in *German Law Journal* 10/2009, pp. 1241-1258.

([82]) Conflitos que o Tribunal Constitucional espanhol gostaria de resolver semanticamente com a ajuda dos termos *primacía* e *supremacía*; cf. Claudio Franzius, *Europäisches Verfassungsrechtsdenken*, *ibidem*, p. 47.

como uma «aliança constitucional»(⁸³). Para explicar o
facto de os Estados-Membros, que continuam a deter
o monopólio da violência, se subordinarem ao direito
de uma comunidade que, perante eles, não pode reivindicar qualquer competência para a alteração das constituições, temos de recorrer à segunda das referidas
inovações ao direito constitucional. A subordinação
ao direito europeu, do ponto de vista de um processo
constituinte *reconstruído racionalmente*, pode ser entendida como uma consequência do facto de dois sujeitos
constituintes diferentes terem cooperado no âmbito do
objetivo comum da criação de uma comunidade supranacional.

No que diz respeito a uma constitucionalização do
direito internacional, começo por registar que a União
Europeia constitui o resultado da formação de uma
comunidade que possui autoridade para legislar de
forma vinculativa em relação aos Estados-Membros, sem
cobertura de um poder estatal congruente. No início
da unificação europeia, a força civilizadora desta inovação manifestou-se sobretudo na pacificação de um
continente ensanguentado; entretanto, manifesta-se na
luta pela construção de capacidades de ação política a
um nível superior. É assim que os povos de um continente cujo peso político e económico está a diminuir
procuram recuperar uma certa margem de ação política
em relação às forças políticas e aos constrangimentos
sistémicos de uma sociedade globalizada. Se forem bem
sucedidos, podem utilizá-la não só de forma defensiva,
para a preservação do seu biótopo cultural, mas tam-

(⁸³) Ingolf Pernice, «Europäisches und nationales Verfassungsrecht», in *Veröffentlichungen der Vereinigung der Deutschen Staatslehrer*
60/2001, pp. 149-193.

bém de forma ofensiva, para prosseguir a construção, ainda difícil, de capacidades globais de governação. Voltarei a esta questão.

3. A segunda inovação: a divisão do poder constituinte entre cidadãos da União e povos europeus

Quando a comunidade constitucional dos cidadãos europeus se liberta do núcleo organizacional dos Estados-Membros[84], todos os componentes entram numa nova constelação. Enquanto os Estados-Membros preservarem o monopólio da violência e transferirem direitos de soberania para a União, através da atribuição de competências, a componente organizacional na qual ela se pode apoiar é relativamente fraca. A Comissão Europeia dispõe de um aparelho governativo limitado (ao contrário da opinião popular sobre o «monstro de Bruxelas»)[85], que deixa a «aplicação» do direito da União aos Parlamentos e aos governos dos Estados-Membros[86]. E uma vez que a própria União não possui cariz estatal, os cidadãos da União também não gozam do estatuto de cidadãos *de Estado* no sentido restrito da palavra. No entanto, existe a expetativa de que a confiança mútua, crescente entre os povos europeus, permita desenvolver entre os cidadãos da União uma

---

[84] Christian Calliess fala de uma «compreensão material de constituição que separa o Estado do conceito de constituição» (*Die neue Europäische Union, ibidem*, p. 73).

[85] Hans Magnus Enzensberger, *Sanftes Monster Brüssel oder Die Entmündigung Europas*, Berlim: Suhrkamp 2011.

[86] Sobre o papel louvável dos Parlamentos nacionais enquanto guardiões da subsidiariedade, cf. Calliess, *Die neue Europäische Union, ibidem*, pp. 182 ss.

solidariedade transnacional de cidadãos, mesmo que numa forma mais fraca. Com a pretensão de que as mesmas pessoas aprendam a diferenciar entre o papel de membro de um «povo europeu» e o papel de «cidadãos da União», tocamos na questão central do conceito de direito constitucional correto para esta comunidade federal atípica. Para tal, não basta a afirmação negativa de que a União não se deve definir nem como uma federação de Estados, nem como um Estado federal. A posição proeminente que o Tratado de Lisboa atribui ao Conselho Europeu e ao Conselho de Ministros reflete o papel histórico dos Estados-Membros como iniciadores e forças motrizes da unificação europeia. Ao contrário das Constituições nacionais do século XVIII e XIX, a Constituição da União é obra de elites políticas. Enquanto, em tempos, os cidadãos revolucionários se uniram para derrubar antigos regimes, desta vez foram os Estados, portanto atores colectivos, que se juntaram, com a ajuda do instrumento do tratado de direito internacional, para colaborar em áreas políticas delimitadas. Entretanto e apesar deste papel ativo dos atores estatais, ao longo do processo de unificação houve uma alteração dos equilíbrios no organigrama que resultou a favor dos cidadãos europeus[87].

A comunidade baseada em tratados internacionais transformou-se numa União Política de duração indeterminada. A introdução da cidadania da União, a referência expressa a um interesse geral europeu e o reconhecimento da União como personalidade jurídica própria,

---

[87] Sobre esta questão, cf. Jürgen Bast, «Europäische Gesetzgebung: Fünf Stationen in der Verfassungsentwicklung der EU, in Franzius/Mayer/Neyer (orgs.), *Strukturfragen der Europäischen Union*, *ibidem*, pp. 173-180.

levou os Tratados a tornarem-se a base de uma comunidade política. No entanto, face à Constituição democrática de um Estado federal nacional, o nome «Tratado Constitucional» pode assinalar uma particularidade que consiste no facto de a União Europeia querer ser encarada como uma comunidade *supraestatal*, embora constituída de forma democrática (e legitimada correspondentemente). A União partilha o carácter supraestatal com as federações da época pré-democrática, com os velhos impérios e as ligas de cidades-estado; mas, ao contrário das confederações de Estados clássicas, a estrutura da União deve corresponder categoricamente aos princípios democráticos. Em temos de formulação, os artigos 9.º a 12.º do Tratado de Lisboa satisfazem todos os desejos([88]).

Para esclarecer a estrutura de direito constitucional desta figura singular, recomenda-se a reconstituição da história da sua origem – lida teleologicamente – como se o resultado mais ou menos contingente do ponto de vista histórico tivesse sido produzido por uma convenção constitucional ordinária numa reunião regular. Se procurarmos um equivalente para aquilo que, no caso da América do Norte, os *Federalist and Antifederalist Speeches, Articles, and Letters During the Struggle over Ratification* representavam([89]) entre setembro de 1787 e agosto de

---

([88]) Sobre este aspecto, cf. Armin von Bogdandy, «Democratic legitimacy of public authority beyond the state – Lessons from the EU for international organizations», documento de trabalho (abril de 2011), disponível *on-line* em <http://ssrn.com/abstract=1826326> (em setembro de 2011).

([89]) Bernard Baylin, *The Debate on the Constitution: Federalist and Antifederalist Speeches, Articles, and Letters During the Struggle over Ratification, September 1787-August 1788*, 2 volumes, Nova Iorque: Library of America 1993.

1788, não encontramos, na Europa, um debate público empenhado entre leigos cultos e intelectuais([90]). Aqui, o campo foi dominado durante décadas pelo debate entre peritos altamente especializados, sobretudo juristas, mas também entre representantes das ciências políticas e sociais([91]). No entanto, é justo constatar o seguinte: «Much of the best scholarly imagination has flown into efforts how to unfold the European Union in a democratic way, and public opinion has participated in these efforts.»([92]) A polémica europeia entre os defensores eurocéticos do Estado e os federalistas, tal como então na América do Norte, também surgiu em torno da transferência dos direitos de soberania para a União. Porém, ao contrário daquilo que aconteceu nas sociedades americanas de imigrantes provenientes de Estados coloniais que aspiravam à independência, os federalistas na Europa da diversidade cultural e linguística enfrentam sobretudo a obstinação política dos Estados nacionais e com experiência de guerras da *primeira geração* (que se foram afastando entre si ao longo do século XX, incluindo no que diz respeito à configuração dos seus regimes de Estado-providência). Além disso a unificação europeia não está, como a americana, nos alvores das experiências com formas de federação sob

---

([90]) Sobre os contextos nacionais de uma discussão bastante fragmentada entre os intelectuais europeus, cf. Justine Lacroix/Kalypso Nicolaïdes (orgs.), *European Stories. Intellectual Debates on Europe in National Contexts*, Oxford: Oxford UP 2010.

([91]) Richard Münch, *Die Konstruktion der Europäischen Gesellschaft. Zur Dialektik von transnationaler Integration und nationaler Desintegration*, Frankfurt am Main: Campus 2008, pp. 186-340, oferece uma boa panorâmica dos debates sobre a Europa na Grã-Bretanha, em França e na Alemanha.

([92]) Armin von Bogdandy, formulação oral.

as condições do sistema de Estados moderno. Hoje em dia, as federações adaptaram-se todas, mais ou menos, ao formato de Estado nacional; os EUA também só se tornaram um Estado federal após a Segunda Guerra Mundial. As Nações Unidas podem ser entendidas, no início do século XXI, como uma associação de 193 Estados nacionais[93]. Portanto, a questão com a qual James Madison se viu confrontado já em 1787 repetiu-se com uma urgência ainda maior em relação à União Europeia: pode uma federação de Estados-Membros democráticos satisfazer as condições de legitimação democrática sem subordinar claramente o nível nacional ao nível federal[94]?

Madison associou – coerentemente – a questão da legitimação à questão da constituição da União, respondendo que a assembleia de estados fundadores só poderia decidir a sua união por unanimidade, enquanto a constituição teria de cruzar e contrabalançar ela própria as competências entre os dois níveis políticos, de tal modo que fosse possível resolver os possíveis conflitos entre os órgãos constitucionais de forma pragmática, sem uma determinação inequívoca de superioridade. Ao abdicar de uma determinação normativa na questão de saber quem deve ter a última palavra, Madison deixou também em aberto quem poderia ser, precisamente, o sujeito na primeira frase do texto constitucional, «We the People of the United States» – o conjunto dos cidadãos da União ou os povos de cada Estado.

---

[93] Carl Schmitt (*Verfassungslehre*, ibidem, p. 375) também vê no Estado federal «a solução das antinomias da federação».

[94] Bernard Baylin, *The Debate on the Constitution*, ibidem, vol. 2, *January to August 1788*, pp. 26-32.

Segundo Madison, deveria deixar-se à política a tarefa de equilibrar a balança, em caso de conflito. Os autores que hoje retomam estas ideias([95]) conseguem, sem dúvida, tirar daí bons argumentos contra a redução da discussão sobre a Europa a uma alternativa entre a federação de Estados e o Estado federal, conhecida da história constitucional alemã([96]). No entanto, o recurso habitual à *Doutrina Constitucional da Federação*, de Carl Schmitt, neste contexto, evita a questão da legitimação democrática da federação([97]), uma vez que Schmitt omite a questão normativa relativa ao detentor do poder constituinte «do povo». Ao contrário do Madison, Schmitt tem em mente as formas pré-democráticas de federação e limita-se aos processos políticos de decisão dentro da federação constituída.

Só encontramos uma resposta satisfatória à questão de legitimação – que nos interessa –, se identificarmos corretamente os poderes constituintes. Depois de o n.º 2 do artigo 1.º do Tratado de Maastricht, do ano de 1992, ter dado início a uma «união cada vez mais estreita entre *os povos* da Europa», o n.º 1 do artigo 1.º do Tratado que estabelece uma Constituição para a Europa já faz referência a dois sujeitos, isto é, tanto aos

---

([95]) Robert Schütze, «On 'federal' ground: The European Union as an (inter)national phenomenon», in *Common Market Law Review* 46/2009), pp. 1069-1105.

([96]) Stefan Oeter, «Föderalismus und Demokratie», *ibidem*; cf. também a crítica das premissas do Estado federal do Tribunal Constitucional Federal de Karlsruhe apresentada por Christoph Schönberger no seu artigo «Lisbon in Karlsruhe: Maastricht's epigones at sea» (*ibidem*).

([97]) Christoph Schönberger, «Die Europäische Union als Bund», in *Archiv des öffentlichen Rechts* 129/2004, pp. 81-120.

«cidadãos» como aos «Estados» da Europa(⁹⁸). Embora a Constituição, elaborada pela convenção no ano de 2004, tenha fracassado, o Tratado de Lisboa em vigor sugere a conclusão de uma soberania «partilhada» entre os cidadãos e os Estados(⁹⁹), porque o Parlamento, em caso de alterações do Tratado Constitucional, é envolvido (ainda que de forma limitada) e, no «processo legislativo ordinário», fica em pé de igualdade com o Conselho.

No entanto, este novo elemento da divisão do sujeito constituinte em «cidadãos» e «Estados» exige uma qualificação importante do ponto de vista da teoria da democracia(¹⁰⁰). Os cidadãos participam em ambos os lados na constituição da comunidade política a um nível superior – de forma direta, no seu papel enquanto cidadãos da União, e, de forma indireta, no seu papel enquanto membros de um dos povos de Estados. Por isso, apesar de um dos pilares fundamentais ser constituído *diretamente* por coletivos, a Constituição da UE também preserva, tal como todas as ordens jurídicas modernas, um caráter estritamente individualista: *em última análise*, baseia-se nos direitos subjetivos dos cidadãos. Por isso, é mais coerente não reconhecer os próprios Estados-Membros, mas sim os seus povos, como o outro sujeito do processo constitucional: «Os Tratados, quando está em causa o princípio da democracia, falam,

---

(⁹⁸) «A presente Constituição, inspirada na vontade dos cidadãos e dos Estados da Europa de construírem o seu futuro comum, estabelece a União Europeia, à qual os Estados-Membros atribuem competências para atingirem os seus objectivos comuns.»

(⁹⁹) Calliess, *Die neue Europäische Union nach dem Vertrag von Lissabon, ibidem*, p. 71.

(¹⁰⁰) Agradeço a Peter Niesen por esta referência importante.

por um lado, dos povos dos Estados-Membros e, por outro, dos cidadãos da União.»([101]) Claudio Franzius, seguindo o exemplo de Anne Peters, também defende a adopção de um *pouvoir constituant mixte*([102]). Se concebermos deste modo o cidadão individual como a única base de legitimação, fica por esclarecer se, tal como James Madison, devemos reconhecer «originalmente» nestes sujeitos constituintes os cidadãos dos Estados fundadores que *só se tornam* cidadãos da União através do processo constitucional([103]), ou se vemos *diretamente* neles os futuros cidadãos da União. A escolha entre estas alternativas infelizes voltaria a criar um precedente para a atribuição de poderes de decisão em última instância. Armin vom Bogdandy indica o caminho mais consequente para a solução do problema de saber o que constitui o critério para

([101]) Von Bogdandy, «Grundprinzipien», *ibidem*, p. 64. A referência a Kant é interessante, neste contexto; sobre esta questão, cf. o comentário de Oliver Eberl e Peter Niesen sobre a obra de Kant intitulada *Zum ewigen Frieden* [A Paz Perpétua] (Berlim: Suhrkamp 2011, p. 166): «No entanto, Kant fala da liberdade dos povos, não dos Estados [...]. Isto indica que o que está em causa para Kant [...] é a liberdade constitucional dos povos e não a liberdade dos Estados em termos de direito internacional.»

([102]) Claudio Franzius escreve o seguinte sobre esta questão: «Os cidadãos sustentam o processo de constitucionalização enquanto cidadãos de Estados e da União.» (*Europäisches Verfassungsdenken, ibidem*, p. 57).

([103]) Neste sentido, Ingolf Pernice defende a opinião de que, «originalmente, os cidadãos dos Estados-Membros» transferem «em conjunto» os direitos de soberania para a União Europeia («Verfassungsverbund», *ibidem*, p. 106), concluindo daí que «a cidadania da União [é] o estatuto político comum relacionado com a União e a sua legitimação que os cidadãos dos Estados-Membros, enquanto cidadãos de Estados, se concederam a si próprios através da Constituição da União Europeia» (*ibidem*, p. 108).

o caráter democrático de uma comunidade federativa desestatizada: «Teoricamente, é mais convincente conceber só os indivíduos, *(simultaneamente) cidadãos dos Estados e da União*, como os únicos sujeitos de legitimação.»([104])

No nosso cenário, as pessoas que participam no processo constitucional simultaneamente nos papéis de (futuros) cidadãos, tanto da União como de um dos seus Estados-Membros, são *as mesmas*. Ao exercer estes dois papéis numa união pessoal, os próprios sujeitos do processo constitucional já devem tomar consciência de que, enquanto cidadãos, assumirão perspetivas de justiça diferentes nos dois processos de legitimação que passam pelo Parlamento e pelo Conselho – a perspetiva de cidadão europeu e a perspetiva de membro de um Estado nacional. O que num Estado nacional é considerado uma orientação para o bem comum, transforma-se, a nível europeu, numa generalização de interesses particular, limitada ao próprio povo, que pode entrar em conflito com a generalização de interesses a nível europeu, esperada dos cidadãos da União. Assim, os dois aspetos dos papéis dos sujeitos do processo constitucional adquirem um significado institucional dentro da comunidade constituída: a nível europeu, o cidadão deve poder formular um juízo e tomar decisões políticas simultânea e equitativamente, tanto como cidadão da União como enquanto cidadão de um Estado. Todos os cidadãos participam nos processos de formação de opinião e de tomada de decisão, tanto como europeus *individuais* que dizem, de forma autónoma, «sim» e «não», como enquanto *membros* de determinada nação.

([104]) Von Bogdandy, «Grundprinzipien», *ibidem*, p. 64; os parênteses foram acrescentados por mim.

4. A soberania partilhada como critério para os requisitos de legitimação da União

A expressão «soberania partilhada» é equívoca. A soberania do povo, isto é, o «poder» que «emana do povo», ramifica-se e dissemina-se, desde o início, nos fluxos de comunicação da legislação, do poder executivo e das decisões jurídicas existentes dentro de qualquer comunidade democrática. No entanto, no nosso contexto fala-se de uma outra partilha da soberania. A partilha do poder constituinte partilha a soberania não só *na fonte da comunidade constituída*, como também *na origem da comunidade por constituir*. Esta explica por que razão a União Europeia partilha com Estados federais o carácter de um sistema de vários níveis, mas não deve ser entendida como uma espécie de República federal *incompleta*. Um Estado nacional, mesmo que a sua estrutura interna seja federal, é constituído exclusivamente pela totalidade dos cidadãos nacionais([105]). Retrospetivamente, podemos, pelo contrário, pensar na criação da União Europeia de tal forma que os cidadãos (ou os seus representantes) se dividem, desde o início, em duas *personae*; depois, no processo constituinte, cada pessoa se confronta, enquanto cidadã europeia, por

---

([105]) Apesar de, em 1995, ainda existirem juízes no Supremo Tribunal dos EUA que queriam interpretar o sujeito «We the People», referido no n.º 1 do artigo 1.º da Constituição norte-americana, (apesar do singular) no sentido da totalidade dos «povos» dos estados-membros, e não no sentido do povo federal, esta descoberta surpreendente fala a favor da teimosia das velhas lealdades, mas não contra a necessidade concetual de diferenciação entre o nível no qual uma comunidade política é constituída e os níveis constituídos eventualmente *dentro dela*, sobre este caso, cf. Schönberger, «Die Europäische Union als Bund», *ibidem*, pp. 81 ss.

assim dizer, consigo própria, enquanto cidadã de um povo de um Estado já constituído.

Nos Estados federais, a distribuição de competências, em termos gerais, também tem a sua origem num mandato dos organismos federais que é limitado e específico. Porém, enquanto os cidadãos de um Estado nacional agirem exclusivamente como sujeitos constituintes do Estado global, estabelecem não só a primazia do direito federal, como também reservam para si próprios (através de referendos nacionais) ou para os organismos federais legisladores a competência para proceder a alterações constitucionais([106]). O conceito de soberania do povo «originalmente partilhada» exclui a possibilidade de existência, a nível europeu, de uma «competência da competência» deste tipo. Embora os sujeitos constituintes, no seu papel de membros dos (futuros) Estados-Membros, estejam dispostos a transferir uma parte dos direitos de soberania dos seus Estados já constituídos para a nova comunidade, só o fazem numa condição que vai muito além da garantia habitual oferecida pela estrutura da comunidade federal. Pelo contrário, os povos europeus, através da sua participação no processo constitucional, garantem que o Estado de cada um deles seja preservado, dentro da comunidade federal, *na sua função de garante da liberdade* de um Estado de direito democrático.

A reserva dos tribunais constitucionais nacionais em relação à primazia da aplicação do direito europeu

---

([106]) Isto também se aplica à Constituição Federal Suíça de 1999 (art. 192.º-194.º), embora (segundo o Preâmbulo e o n.º 1 do artigo 1.º) a Confederação Suíça seja fundada simultaneamente pelo «povo suíço e os cantões». De resto, os órgãos da federação gozam das prerrogativas (art. 184.º-186.º) que caracterizam a competência da competência de um Estado federal.

também se torna compreensível à luz do princípio de política constitucional segundo a qual a União não deve *ficar abaixo* do nível da dominação e civilização do poder estatal já alcançado nos Estados: o grau de liberdades civis garantidas pelo Estado a nível nacional deve servir como padrão a cumprir pelo direito europeu, antes de este ser implementado a nível nacional. Só assim se torna compreensível a posição relativamente forte dos Estados-Membros, que se manifesta não só na reserva do monopólio da violência e na interferência (por enquanto, ainda desproporcional) na legislação europeia. Há outras duas diferenças em relação ao modelo de Estado federal que também são interessantes.

Enquanto o artigo 5.º da Constituição americana faz depender as emendas da aprovação dos órgãos legislativos de uma *maioria* qualificada dos Estados ([107]), a alteração dos Tratados europeus exige (de acordo com o processo de revisão ordinário nos termos do artigo 48.º do TUE) *unanimidade* dos Estados-Membros. A soberania dos Estados-Membros, preservada *parcialmente*, encontra uma expressão igualmente exemplar na garantia do direito a sair da União (segundo o artigo 50.º do TUE); embora a União tenha sido criada por tempo indeterminado, cada Estado-Membro é livre de *recuperar* o grau de soberania de que gozava antes da adesão à União. No entanto, as modalidades que têm de ser observadas antes da entrada em vigor da vontade de se retirar da União mostram que «o direito à retirada» não se baseia numa «competência da competência de uma liberdade

---

([107]) Face a comparações enganadoras entre a evolução constitucional europeia e americana, é necessário ter em conta que, com esta disposição, a Constituição norte-americana (ao contrário dos Tratados europeus) abriu caminho a uma evolução que levou os Estados Unidos a assumir o formato de um Estado federal.

arbitrária não condicionada pelo direito» (¹⁰⁸), uma vez que a «partilha da soberania» original, aceite por um Estado-Membro na adesão à União, é incompatível com a reserva de decisões soberanas do próprio país. No entanto, pergunta-se se estas divergências do modelo de legitimação conhecido – de acordo com os critérios de uma juridicização *democrática* da governação para lá do Estado nacional – não revelam, mesmo assim, um défice. Na minha opinião, elas poderão não significar uma perda de legitimação se os dois sujeitos constituintes, portanto os cidadãos da União e os povos europeus, atuarem, um dia, consequentemente, como parceiros em pé de igualdade em todas as funções legislativas. A partilha da soberania pode ser justificada, como referido, com o argumento de que os cidadãos da União têm boas razões para insistir que os seus Estados estejam em pé de igualdade a nível europeu. Os Estados nacionais, enquanto Estados de direito, não são apenas atores no longo caminho histórico para a civilização do núcleo de poder do domínio político. Eles também são conquistas *permanentes* e formas vivas de uma «justiça que existe» (Hegel). Por isso, os cidadãos da União podem ter um interesse legítimo em que o seu Estado nacional *continue* a desempenhar o papel comprovado de *garante do direito e da liberdade*, mesmo quando assume o papel de Estado-Membro. Os Estados nacionais são mais de que a mera materialização de culturas nacionais dignas de preservação; eles *garantem* um nível de justiça e liberdade que os cidadãos desejam, com toda a razão, ver preservado.

(¹⁰⁸) Franzius, *Europäisches Verfassungsrechtsdenken*, *ibidem*, p. 134; cf. também Schönberger, «Die Europäische Union als Bund», *ibidem*, p. 103.

Neste ponto, é necessário evitar um desvio comunitarista desta ideia. O interesse na preservação de formas de vida marcantes *do ponto de vista cultural*, nas quais os cidadãos reconhecem uma parte da sua própria identidade coletiva, constitui, certamente, *também* uma razão relevante para o direito constitucional. No entanto, se o interesse determinante dos cidadãos na preservação dos seus Estados nacionais se resumisse a isto, seria possível satisfazê-lo no âmbito de uma Europa com a estrutura de um Estado federal, através do respeito pelo princípio da subsidiariedade. Num Estado federal, a autonomia dos Estados ou países subordinados é reconhecida para proteger a sua *particularidade sociocultural e regional*, marcada pela história – e não porque estas unidades autónomas fossem necessárias *como garantes da igual liberdade dos cidadãos do Estado*([109]). No entanto, foi precisamente por causa desta garantia de boa execução que os membros dos povos europeus *só* quiseram *partilhar* o poder constituinte com os cidadãos da União, em vez de *assumirem totalmente* o papel dos cidadãos da União – os quais, de outro modo, também teriam a competência exclusiva para alterar a Constituição.

A soberania partilhada fornece o critério para os requisitos de legitimação de uma comunidade política desestatizada. No entanto, deste modo não só é possível justificar as divergências relativamente ao modelo do Estado federal, como também identificar os défices

---

([109]) É óbvio que saber qual das definições de direito constitucional será aplicada a um sistema de referência relevante do ponto de vista da identidade constitui uma questão política e um resultado sempre contingente de lutas sociais e políticas; cf. Christoph Möllers, «Demokratische Ebenengliederung», in Ivo Appel, Georg Hermes e Christoph Schönberger (orgs.), *Öffentliches Recht im offenen Staat*, Festschrift für Rainer Wahl, Berlim: Duncker & Humblot 2011, pp. 759-778.

democráticos dos Tratados da UE em vigor. Em primeiro lugar, a transnacionalização das eleições para o Parlamento Europeu exige, naturalmente, um direito eleitoral uniformizado, bem como uma certa europeização do sistema partidário existente([110]). Porém, a nível institucional, é necessário sobretudo que a igualdade que atribuímos reconstrutivamente aos povos europeus e cidadãos da União enquanto sujeitos constitutivos se reflita também na distribuição das funções e competências legislativas. Deveria ser estabelecido um equilíbrio de competências entre o Conselho e o Parlamento, em todos os campos políticos. A posição estranhamente flutuante da Comissão, à qual estão reservados os direitos de iniciativa essenciais, também é inconsequente. Em vez disso, a Comissão – diferentemente do modelo de um governo federal – deveria depender em igual medida do Parlamento e do Conselho e responder perante ambas as instituições. O Conselho Europeu, que o Tratado de Lisboa, na enumeração dos órgãos, refere em segundo lugar, imediatamente após o Parlamento, é um corpo completamente estranho([111]). O Conselho, enquanto sede do poder intergovernamental dos chefes de Governo, constitui – ainda antes do Conselho de Ministros – o verdadeiro contraponto em relação ao Parlamento, permanecendo a relação com a Comissão – que se deve entender, supostamente, como guardiã dos interesses comunitários – pouco clara.

([110]) Sobre esta questão, cf. o estudo elaborado por Claudio Franzius e Ulrich K. Preuß para a Fundação Heinrich Böll, intitulado «Solidarität und Selbstbehauptung: Die Zukunft der EU im 21. Jahrhundert» (manuscrito não publicado 2011).

([111]) Calliess, *Die neue Europäische Union nach dem Vertrag von Lissabon, ibidem*, pp. 118-128.

O Conselho Europeu é um órgão de direção que estabelece as diretrizes da política, mas não possui nem o direito de legislar nem de dar ordens à Comissão. Além disso, existe uma contradição singular entre o poder político, concentrado no Conselho Europeu, e a validade jurídica das suas decisões, apesar de este, através da sua competência, poder desencadear alterações institucionais, no processo simplificado de revisão dos tratados. Dotado da legitimação dos chefes de Governo eleitos, o Conselho Europeu exerce um poder extraconstitucional considerável, embora tenha de adotar as suas decisões com base no consenso: «Enquanto órgão político de direção, não é diferente do rei da primeira fase do constitucionalismo do século XIX.»([112]) Pretendia-se que o Tratado de Lisboa reforçasse a capacidade de ação da UE, através da integração do Conselho Europeu na estrutura institucional; na realidade, este paga por isso o preço, bastante elevado, da falta de legitimidade de decisões de longo alcance. Isso revela-se, desde a crise financeira de 2008, nas decisões importantíssimas relativas a garantias para Estados excessivamente endividados e a novas modalidade de uma coordenação extracontratual dos orçamentos no círculo dos 17 chefes de Governo da união monetária.

5. Hesitação das elites políticas no limiar da democracia transnacional

Esta observação evoca a *relação* complexa *entre a norma constitucional e a realidade constitucional.* As ciên-

---

([112]) Franzius, *Europäisches Verfassungsrechtsdenken, ibidem,* p. 58; cf. também Armin von Bogdandy, «Grundprizipien», *ibidem,* p. 44.

cias políticas empíricas que verificam os desvios mais ou menos drásticos do círculo de poder real em relação a modelos prescritos por normas têm, frequentemente, um efeito revelador. No entanto, seria errado recorrer a ideias superestruturais. Não é que as práticas políticas sejam uma mera variável dependente no campo dos interesses sociais, das relações de poder informais e das necessidades relacionadas com o funcionamento do sistema. Pelo contrário, elas obedecem a um código político renitente, que está interligado com o conjunto das normas jurídicas. Este facto explica por que razão normas constitucionais inovadoras, que ligam o direito e a política a nível supranacional, têm, em muitos casos, um efeito construtivo antecipador e impulsionador, desencadeando processos de aprendizagem e adaptação. Por isso, se queremos entender que a juridicização democrática de uma comunidade supranacional como a UE constitui mais um passo no caminho para a civilização do poder estatal, temos de adoptar uma perspetiva construtivista([113]).

Esta perspetiva é, também, recomendável na análise que as ciências sociais fazem das exigentes condições político-culturais necessárias para uma formação transnacional da vontade dos cidadãos da União([114]). Até agora, só nos debruçámos sobre dois dos três componentes constitucionais democráticos que entram numa nova constelação a nível europeu. No entanto, quando uma comunidade constitucional se alarga para lá do

---

([113]) Sobre o construtivismo social na política internacional, cf. Bernhard Zangl/Michael Zürn, *Frieden und Krieg. Sicherheit in der internationalen und postnationalen Konstellation*, Frankfurt am Main: Suhrkamp 2003, pp. 118-148.

([114]) Richard Münch (*Die Konstruktion der Europäischen Gesellschaft*, *ibidem*, pp. 68 ss) desenvolve uma linha de investigação interessante.

núcleo organizativo de um Estado individual, é imediatamente necessário que o terceiro componente – a solidariedade dos cidadãos que estão dispostos a responsabilizar-se uns pelos outros – acompanhe o alargamento. Só é possível que todos os cidadãos da União partilhem efetivamente a soberania com os povos dos Estados-Membros que continuam a manter o monopólio da violência se a solidariedade entre cidadãos a nível nacional também passar por uma transformação. Segundo o nosso cenário, uma solidariedade alargada entre cidadãos – embora também mais abstrata, portanto, relativamente menos resistente – teria de incluir os membros dos outros povos europeus – na perspetiva alemã, por exemplo, os Gregos, quando são sujeitos a programas de austeridade impostos pela comunidade internacional e desequilibrados do ponto de vista social. Só então os cidadãos da União, que elegem e controlam o Parlamento de Estrasburgo, serão capazes de participar na formação de uma vontade democrática comum, que ultrapasse as fronteiras nacionais[115].

É óbvio que os instrumentos jurídico-administrativos, na melhor das hipóteses, só conseguirão estimular o alargamento de redes de comunicação e os horizontes de perceção, a liberalização da orientação dos valores e atitudes, o aumento da disponibilidade para a inclusão de estranhos, o reforço de iniciativas da sociedade civil e respetiva transformação de identidades fortes. Contudo, existe uma interação circular, que se reforça ou trava reciprocamente, entre processos políticos e normas constitucionais, por um lado, e a rede de atitu-

---

[115] Jürgen Habermas, «Ist die Herausbildung einer europäischen Identität nötig, und ist sie möglich?», in *idem, Der gespaltene Westen*, Frankfurt am Main 2004, pp. 68-82.

des e convicções político-culturais, por outro. Por isso, compreendo a observação de Christoph Möllers, segundo o qual existe uma «(co)-evolução conjunta do sujeito de legitimação democrático e dos acordos institucionais democrático-igualitários»; isto permite «dotar com mais poderes de ação os níveis que ultrapassam o Estado democrático»([116]). Não existem quaisquer «dados» para a definição constitucional das fronteiras de uma comunidade política e das suas populações parciais, nem para a definição dos graus num sistema político de vários níveis; as lealdades constroem-se e as tradições alteram-se. As nações, como todas as outras grandezas comparáveis, não são factos naturais, embora normalmente também não sejam apenas ficções (como no caso de muitos Estados de criação colonial).

Na vida política de um cidadão há muitas lealdades que se sobrepõem e às quais cada um atribui uma importância completamente diferente – estas incluem a ligação politicamente relevante à região de origem, à cidade ou à província do domicílio de cada um, ao país ou à nação, etc. As importâncias destas lealdades só se atualizam em caso de conflito e têm de ser comparadas entre si; um critério para a identificação com uma ou outra grandeza de referência social reside na disponibilidade para também fazer sacrifícios, com base numa reciprocidade de longo prazo. Felizmente, a abolição do serviço militar obrigatório levou à eliminação do teste da guerra, portanto, da exigência *absoluta* de sacrificar a própria vida para bem da nação. Mas a longa sombra do nacional-socialismo ainda se estende sobre o presente. O alargamento supranacional da solidariedade entre os cidadãos de um Estado depende de pro-

---

([116]) Möllers, «Demokratische Ebengliederung», *ibidem*, pp. 775 ss.

cessos de aprendizagem que – é esta a esperança que nasce na crise atual – poderiam ser estimulados pela perceção das necessidades económicas e políticas. Entretanto, a astúcia da razão económica, pelo menos, desencadeou uma comunicação que ultrapassa os países. As instituições europeias conceberam, há muito, para o cidadão da União, possuidor de um passaporte vermelho-tinto, o espaço virtual que deveria ser preenchido com vida por um nexo de comunicação na sociedade civil com uma abrangência semelhante. Porém, este só se pode tornar mais denso na sequência de uma *abertura recíproca* das opiniões públicas nacionais. Não precisamos de novos meios de comunicação para uma transnacionalização das opiniões públicas nacionais existentes, mas sim de uma prática diferente por parte dos principais meios de comunicação existentes. Estes têm de apresentar e tratar os temas europeus não só como tal, mas também de relatar, simultaneamente, as posições e controvérsias políticas que estes temas provocam noutros Estados-Membros. O facto de a União Europeia ter sido, até agora, essencialmente sustentada e monopolizada pelas elites políticas gerou uma assimetria perigosa entre a participação democrática dos *povos* naquilo que os seus governos «conquistam» para eles no palco de Bruxelas – que consideram muito longínquo – e a indiferença, se não mesmo o desinteresse dos *cidadãos da União* no que diz respeito às decisões do seu Parlamento, em Estrasburgo.

No entanto, esta observação não justifica uma substancialização dos «povos». Só o populismo de direita é que continua a traçar a caricatura dos grandes sujeitos nacionais, que se isolam uns dos outros e bloqueiam a formação da vontade democrática a nível transfronteiriço. Após cinquenta anos de imigração de trabalhadores, os povos dos Estados europeus, face à sua crescente diversidade étnica, linguística e religiosa, já não podem ser imaginados como unidades homogéneas do ponto de vista cultural([117]). A Internet e o turismo de massas tornaram as fronteiras nacionais ainda mais porosas. Em Estados territoriais, *foram sempre* os meios de comunicação social que tiveram de criar o horizonte fluido de um mundo de vida partilhada, apesar dos grandes espaços e relações complexas, e de o preencher com um círculo abstrato de ideias, através de um nexo de comunicação da sociedade civil. A nível europeu, isto só é possível no âmbito de uma cultura política vagamente partilhada. Mas quanto mais as populações nacionais se aperceberem da profundidade da interferência das decisões da União Europeia no seu quotidiano – e quanto mais isto for revelado pelos meios de comunicação social –, tanto mais crescerá o seu interesse em exercer os seus direitos democráticos, também como cidadãos da União.

O factor de impacto do peso percebido das decisões europeias fez-se sentir na crise do euro. A crise obriga o Conselho Europeu a tomar decisões, relutantemente, que afetam de forma manifestamente desigual os orçamentos nacionais. Desde 8 de Maio de 2010 que o Conselho Europeu, com as suas decisões relativas a pacotes de emergência e possíveis reestruturações das dívidas, assim como com declarações de intenções relativas a uma harmonização dos orçamentos de Estado, ultrapassou um limiar importante em todas as áreas – relevantes do ponto de vista da concorrência – da polí-

---

([117]) Klaus Eder, «Europäishe Öffentlichkeit und multiple Identitäten – das Ende des Volksbegriffs?», in Claudio Franzius/Ulrich K. Preuß (orgs.), *Europäische Öffentlichkeit*, Baden-Baden: Nomos 2004, pp. 61-80.

tica económica, fiscal, de mercado de trabalho, social e de educação. Uma vez ultrapassado este limiar surgem novos problemas de distribuição equitativa; com a passagem de uma integração «negativa» para uma integração «positiva», a legitimação *input* ganhou peso em detrimento da legitimação *output* – a influência ativa sobre o tipo e o conteúdo das políticas e leis torna-se tanto mais importante para os cidadãos quanto mais cresce a insatisfação com o desempenho dos Estados([118]).

Portanto, estaria em conformidade com a lógica desta evolução que os cidadãos de Estado que *têm de* aceitar uma redistribuição dos encargos para lá das fronteiras nacionais, no seu papel de cidadãos da União, *quisessem* influenciar democraticamente aquilo que os seus chefes de Governo negociam ou acordam numa zona jurídica cinzenta. Em vez disso, observa-se a existência de um taticismo protelador por parte dos governos e, por parte das populações, uma rejeição atiçada pelos populistas do projeto europeu como tal. Este comportamento autodestrutivo tem uma explicação direta no facto de as elites políticas e os meios de comunicação social hesitarem em mobilizar a população para um futuro europeu comum.

A ideia de que, na introdução do euro, se negligenciou uma condição económica essencial do projeto constitucional impôs-se, em consequência da pressão dos mercados financeiros. Os analistas são unânimes em considerar que a União Europeia só pode enfrentar com sucesso a especulação financeira se receber as competências de orientação política necessárias para garantir – pelo menos na Europa de núcleo duro, por-

---

([118]) Fritz W. Scharpf, *Regieren in Europa: Effektiv und demokratisch?*, Frankfurt am Main: Campus 1999.

tanto, entre os membros da União Monetária Europeia – uma convergência a médio prazo do desenvolvimento económico e social nos países-membros([119]). No fundo, todos os envolvidos sabem que este grau de «cooperação reforçada» não é possível no quadro dos Tratados em vigor. Um «governo económico» comum, no qual, agora, o Governo federal alemão também consente, significaria que a exigência central de competitividade de todos os Estados-Membros se estenderia muito além das políticas financeiras e económicas, chegando aos orçamentos nacionais na sua totalidade e penetrando no coração dos Parlamentos nacionais. Por conseguinte, se não queremos violar, de forma flagrante, o direito em vigor, a reforma, mais que necessária, só é possível através de uma transferência de mais competências dos Estados-Membros para a União.

Este facto já foi reconhecido pelos principais meios de comunicação social na área da política: «A crise revelou os pontos fracos do Tratado de Lisboa: ele não dota a UE de meios para enfrentar os desafios que se lhe colocam enquanto União Económica e Monetária.»([120]) As barreiras que é necessário ultrapassar para conseguir uma alteração do Tratado são elevadas. E a decisão de

---

([119]) Sobre as possibilidades jurídicas de uma diferenciação interna a nível europeu, cf. Daniel Thym, «Variable Geometrie in der Europäischen Union: Kontrollierte Binnendifferenzierung und Schutz vor unionsexterner Gefährdung», in Stefan Kadelbach (org.), *60 Jahre Integration in Europa. Variable Geometrien und politische Verflechtung jenseits der EU*, Baden-Baden: Nomos 2011, pp. 117-135.

([120]) Martin Winter, «Reform der Reform», in *Süddeutsche Zeitung* (18 de agosto de 2011), p. 4; cf. também o apelo enérgico a uma revisão do Tratado por parte de Catherine Hoffmann; «Klub der Illusionisten. Ohne gemeinsame Finanzpolitik ist die Krise in Europa nicht zu lösen», in *Süddeutsche Zeitung* (3/4 de setembro de 2011), p. 23.

as transpor exigiria uma alteração radical no comportamento das elites políticas: se estas quisessem conquistar as suas populações para uma Europa solidária, teriam de abandonar a combinação, a que estão habituadas, entre relações públicas e incrementalismo dirigido por peritos e passar a uma luta arriscada e, sobretudo, inspirada num espaço público alargado. E, de forma paradoxal, teriam de querer algo no interesse comum europeu que contraria o seu próprio interesse de manutenção do poder, uma vez que, a longo prazo, as margens de manobra nacionais tornar-se-iam mais reduzidas e as ações dos potentados nacionais perderiam importância([121]). Angela Merkel e Nicolas Sarkozy, no dia 22 de Julho de 2011, chegaram a um compromisso vago e que necessita, certamente, de interpretação, entre o liberalismo económico alemão e o estatismo francês. Este compromisso exprime uma intenção completamente diferente. Tudo indica que os dois gostariam de transformar o federalismo executivo delineado no Tratado de Lisboa num domínio intergovernamental do Conselho Europeu, o que contraria o espírito do Tratado. Este controlo central pelo Conselho Europeu permitiria transmitir os imperativos dos mercados aos orçamentos nacionais e exigiria que acordos feitos de forma pouco transparente e informes do ponto de vista jurídico tivessem de ser impostos com o recurso a ameaças de sanções e a pressões sobre parlamentos nacionais desprovidos de poder. Os chefes de Governo inverteriam, assim, completamente o projeto europeu. A primeira comu-

---

([121]) Sobre a questão da politização há muito necessária, cf. Pieter de Wilde/Michael Zürn, «Somewhere along the line: Can the politicization of European integration be reversed?», manuscrito não publicado, 2011.

nidade supranacional democraticamente juridicizada transformar-se-ia num arranjo para o exercício de um domínio pós-democrático e burocrático. A alternativa consiste em prosseguir com uma juridicização democrática da União Europeia que seja consequente. A solidariedade entre cidadãos a nível europeu não é possível se as desigualdades sociais entre os Estados-Membros, portanto, nos pontos de rotura nacionais, se perpetuarem estruturalmente. A União tem de garantir aquilo que a Lei Fundamental da República Federal da Alemanha apelida de «homogeneidade das condições de vida» (artigo 106.º, n.º 3). Esta «homogeneidade» só se aplica à variedade de condições de vida *sociais* aceitável do ponto de vista da justiça distributiva, e não à eliminação de diferenças *culturais*. Pelo contrário, é necessária uma coesão política reforçada pela coesão social, para que a diversidade nacional e a riqueza cultural incomparável do biótopo «velha Europa» possam ser, sequer, protegidas do nivelamento, no seio de uma globalização que avança rapidamente.

III

TRANSFORMAÇÃO DA COMUNIDADE INTERNACIONAL EM COMUNIDADE COSMOPOLITA

A narrativa da força civilizadora da juridicização democrática para além das fronteiras nacionais é impulsionada por uma constelação paralisadora da política mundial que se reflete, hoje, sobretudo no facto de os mercados financeiros se terem emancipado do alcance dos próprios Estados nacionais mais poderosos. Na crise atual, estes garantes estatais do bem-estar público parecem não deixar em aberto quaisquer opções convidativas ([122]). Nesta situação, a tentativa dos Estados europeus de recuperar uma parte da capacidade de autorregulação política, através da comunitarização supranacional, vai além da pura autoafirmação. Por isso, a narrativa que propus para a unificação europeia desemboca numa reflexão sobre a comunidade política mundial. Como vimos, ocorreram duas inovações determinantes a nível europeu: por um lado, a subordinação dos Estados-Membros que detêm o monopólio da violência ao direito da União e, por outro, a partilha da soberania

---

([122]) No seu artigo intitulado «Die nächste Stufe der Krise», Jens Becker e Wolfgang Streeck discutem os custos expectáveis das quatro estratégias que ainda se oferecem para a superação da crise das dívidas soberanas: (1) redução das despesas do Estado, (2) aumento dos impostos, (3) suspensão do pagamento da dívida e negociação com credores para o perdão da dívida, (4) política inflacionista (in *Frankfurter Allgemeiner Zeitung* [20 de agosto de 2011], p. 29).

entre os cidadãos, enquanto sujeitos constitucionais, e os povos dos Estados. O efeito global do direito internacional coercivo e o quadro institucional das Nações Unidas constituem exemplo do primeiro destes dois elementos. O segundo elemento poderia retirar às propostas de constituição de um parlamento mundial uma parte do seu caráter superficial. No entanto, não podemos eliminar as diferenças entre os dois ramos complementares da revolução jurídica supranacional ocorrida desde 1945. A comunidade supraestatal da União Europeia partilha com os Estados tradicionais o particularismo que permite a demarcação recíproca das unidades políticas no espaço social. Pelo contrário, a ligação cosmopolita dos cidadãos do mundo – tal como a comunidade internacional de Estados já existente – só permitiria uma perspetiva interna. Esta mudança de perspetiva do direito internacional clássico para a constituição política da sociedade mundial deixou de ser uma mera construção mental. A própria realidade social impõe esta mudança da perspetiva à consciência atual. Os sistemas funcionais da sociedade mundial que está prestes a surgir ultrapassam as fronteiras nacionais, o que leva ao surgimento de custos externos de uma dimensão até agora desconhecida – e, portanto, à necessidade de uma regulação que ultrapassa as capacidades políticas de ação existentes. Isto não se aplica apenas aos desequilíbrios do sistema parcial económico e a uma especulação em aceleração desenfreada desde a crise financeira de 2008. Os desequilíbrios ecológicos e os riscos da tecnologia em larga escala também levaram à necessidade de regulação igualmente global. Não são os Estados individuais ou coligações de Estados que enfrentam, hoje em dia, estes problemas da sociedade mundial, mas sim a política no singular.

A política já não enfrenta problemas sociais apenas no quadro institucional dos Estados nacionais ou, na medida em que estes problemas possuem caráter transfronteiriço, enquanto objetos de regulamentação intergovernamental. Após duas ou três décadas de uma criatividade e um poder de destruição inauditos por parte de uma globalização politicamente desejada, é a relação entre política e sociedade como tal que está em debate. A agenda da política mundial deixou de estar dominada em primeira linha por conflitos entre Estados para estar dominada por um tema novo: trata-se de saber se os potenciais conflitos internacionais podem ser dominados a ponto de ser possível desenvolver normas e processos eficazes a partir de uma cooperação das potências mundiais – improvável até à data –, bem como capacidades políticas de ação consentâneas à escala global. Será que se repete, a nível da constitucionalização do direito internacional, o ritmo de desenvolvimento que conhecemos na unificação europeia – desde a pacificação dos Estados bélicos à cooperação institucionalizada de Estados domesticados? Começarei por me debruçar sobre as funções nucleares das Nações Unidas – garantia de paz e política dos direitos humanos (1), para refletir, depois, na forma que um acordo relativo à solução dos problemas mais urgentes na política mundial interna poderia assumir (2).

Atualmente, as *Nações* Unidas são uma organização *supranacional* constituída por 193 Estados. Entre o nível supranacional e o nível nacional, desenvolveu-se um nível transnacional com um grande número de organização internacionais (por exemplo, importantes sub-organizações da ONU, como a OMS, a OIT, o ACNUR, a UNESCO, etc., grandes organizações mundiais económicas, tais como a OMC, o FMI e o Banco Mundial e ainda instrumentos políticos de gestão informais, como as «cimeiras» do G8 ou do G20)([123]). Se partirmos do princípio de que os atores dos Estados nacionais, que continuam a concentrar, no essencial, as capacidades de ação política, não podem satisfazer a necessidade de regulação de uma sociedade mundial diferenciada do ponto de vista funcional, surgem desideratos evidentes, por um lado, no que diz respeito ao nível global e, por outro, a nível transnacional([124]).

As Nações Unidas deveriam ser reorganizadas como comunidade política de Estados *e* cidadãos e, simultaneamente, deveriam restringir-se às funções nucleares de garantia da paz e implementação global dos direitos humanos. A reforma correspondente do Conselho de Segurança e dos tribunais deveria permitir-lhes cumprir, de forma eficaz e regular, estas duas tarefas, enquanto instituição. Ainda mais difícil será cumprir um outro desiderato, nomeadamente, a construção de um sistema de negociações – integrado na comunidade mundial, do ponto de vista normativo – para os problemas urgentes de uma política interna mundial futura (ecologia e alterações climáticas, riscos mundiais da tecnologia em larga escala, regulação do capitalismo movido pelos mercados financeiros, sobretudo os problemas de distribuição que surgem nos regimes comerciais, laborais, de saúde e de transportes de uma sociedade mundial

---

([123]) Michael Zürn, «Global governance as multi-level governance», in Henrik Enderlein/Sonja Wälti/Michael Zürg (orgs.), *Handbook on Multi-Level Governance*, Cheltenham: Edward Elgar 2010, pp. 80-99.

([124]) Jürgen Habermas, «Konstitutionalisierung des Völkerrechts und die Legitimationsprobleme einer verfaßten Weltgesellschaft», in *idem*, *Philosophische Texte*, Vol. 4, *Politische Theorie*, *op. cit.* (2008), pp. 402-424.

altamente estratificada). O que tem faltado até agora para a existência de uma instituição deste tipo não é só vontade política, mas também agentes capazes de atuar a nível global que sejam os adequados – com base num mandato legítimo e na sua capacidade de implementar acordos à escala global – para serem membros de uma instituição com uma composição representativa (difícil de reconhecer em pré-formas como o G20).

A estrutura da UE, sem precedentes na história, encaixaria na perfeição no perfil da sociedade mundial de construção política que vou esboçar recorrendo a algumas palavras-chave. Mais, esta ordem mundial política, por seu turno, poderia ser entendida como uma continuação da juridicização democrática do núcleo substancial do poder estatal, *uma vez que, a nível global, a constelação dos três elementos fundamentais da comunidade democrática voltaria a mudar*[125].

(1) O objectivo de uma constituição democrática da sociedade mundial exige – já por razões concetuais relacionadas com a construção de ordens jurídicas modernas a partir de direitos subjetivos – a constituição de uma comunidade *de cidadãos do mundo*. O conceito de uma *cooperação constitucional entre cidadãos e Estados*, desenvolvido no exemplo da União Europeia, aponta o caminho que a comunidade dos cidadãos do mundo

---

[125] Retomando o conceito unitarista de direito internacional, de Hans Kelsen, parto de uma unidade – em si complexa, como é óbvio – de uma ordem jurídica global. Por conseguinte, «soberania» significa uma competência transferida para o Estado pela comunidade internacional e que deve ser exercida devidamente: o Estado garante os direitos humanos no seu território (o conceito é utilizado neste mesmo sentido na Declaração do Milénio da Assembleia Geral das Nações Unidas).

poderia tomar para completar a comunidade internacional de *Estados*, já existente, transformando-a numa comunidade *cosmopolita*([126]). Esta não se constituiria como uma república mundial, mas sim como uma associação supraestatal de cidadãos e povos de Estados, de tal modo que os Estados-Membros preservariam a disposição – ainda que não o direito à livre disposição – sobre os meios de recurso legítimo à violência. Os Estados nacionais constituiriam, a par dos cidadãos do mundo, o segundo sujeito constituinte da comunidade mundial, uma vez que os cidadãos cosmopolitas voltam ou voltariam a ter boas razões para insistir num papel constitutivo dos seus Estados a todos os níveis supranacionais. Os cidadãos já realizaram nestas formas históricas um pouco de justiça política solidificada institucionalmente, pelo que podem ter o desejo legítimo de que os seus Estados nacionais sejam preservados como entidade coletivas nos níveis de organização mais elevados.

A composição de uma assembleia geral de representantes dos cidadãos e dos Estados garantiria que perspetivas concorrentes de justiça dos cidadãos do mundo, por um lado, e dos cidadãos de Estados, por outro, fossem tidas em conta e harmonizadas. Os argumentos igualitários dos cidadãos do mundo que insistem na igualdade de direitos e na distribuição equitativa confrontam-se com os argumentos de cidadãos de Estados – hoje

---

([126]) Daniele Archibugi/David Held (orgs.), *Cosmopolitan Democracy. An Agenda for a New World Order*, Cambridge: Polity Press 1995; Daniele Archibugi, *The Global Commonwealth of Citizens. Toward Cosmopolitan Democracy*, Princeton/Oxford: Princeton UP 2008; Garrett Wallace Brown/David Held (orgs.), *The Cosmopolitan Reader*, Cambridge: Polity 2010.

considerados como relativamente conservadores – que exigem a preservação das liberdades que possuem já a nível estatal (e que se opõem à destruição dos *modelos* exemplares de participação no Estado social; tal não excluiria, caso fosse necessário, uma descida parcial do nível de bem-estar do próprio). A concorrência destas duas perspetivas recebe a sua justificação de um fosso histórico no que diz respeito ao desenvolvimento do qual a política interna mundial não se pode abstrair, embora seja suposto este ser ultrapassado ao longo do tempo. O Parlamento mundial teria de atender a esta dupla perspetiva, sobretudo no seu papel de intérprete da Carta da Nações Unidas e, neste sentido, como uma instituição que desenvolve o direito.

Para além das suas competências dentro do organigrama das Nações Unidas (sobretudo na designação e no controlo do Conselho de Segurança e dos tribunais globais)([127]), uma Assembleia Geral renovada teria a tarefa de desenvolver, através do aperfeiçoamento da Carta, dos pacotes dos direitos humanos e do direito internacional, normas mínimas *vinculativas*, as quais:

– constituíssem a base legal para a política dos direitos humanos e a manutenção da paz do Conselho de Segurança, assim como para a jurisprudência global;
– vinculassem os Estados nacionais na concretização dos direitos fundamentais a garantir aos seus cidadãos; e

---

([127]) Armin von Bogdandy/Ingo Venzke, «In whose name? An investigation of international courts' public authority and its democratic justification», disponível *on-line* em <http://papers.ssrn.com/sol3/papers.cfm?abstract_id=1593543> (setembro de 2011).

– impusessem restrições normativas transnacionais à concorrência robusta de poderes nas decisões da política interna mundial.

O núcleo organizacional, portanto, o segundo componente da organização mundial, diminuiria e trabalharia, simultaneamente, de forma mais eficaz se as Nações Unidas se concentrassem nas suas tarefas essenciais, isto é, a implementação tanto da proibição da violência como dos direitos humanos. A organização mundial seria estruturada e organizada de forma a poder cumprir funções reguladoras limitadas, mas elementares, nomeadamente

- a manutenção defensiva da paz internacional no sentido de uma implementação global, uniforme e eficaz da proibição da violência;
- a manutenção construtiva da ordem interna dos Estados em desintegração e
- o controlo mundial da implementação estatal dos direitos humanos, assim como proteção ativa das populações dos governos criminosos, sendo que
- as intervenções humanitárias incluem a obrigação de construção sustentável de infraestruturas operacionais.

Se queremos que as decisões das Nações Unidas sejam executadas na forma de intervenções legais, o direito internacional humanitário também tem de ser desenvolvido no sentido de um direito de polícia que corresponda aos princípios do Estado de direito e adaptado a necessidades militares.

Uma vez que não se espera que seja a própria comunidade mundial a assumir o caráter de um Estado, ela precisa que os detentores estatais do monopólio da violência se sujeitem a decisões do Conselho de Segurança controladas por tribunais. O facto de os Estados (ou alianças de defesa regionais) colocarem o seu potencial ao serviço da organização mundial constitui expressão da mudança na relação entre o poder sancionador do Estado e o direito, anunciada a nível das Nações Unidas e já concretizada na União Europeia. A civilização do exercício do poder político prosseguiria, a um nível superior, com a mudança de mentalidade dos Estados-Membros, que começam a entender-se menos como potências soberanas e mais como *membros* solidários da comunidade internacional. No entanto, a juridicização democrática da política das Nações Unidas exige uma interligação, que continua a ser improvável, entre o Parlamento mundial e a formação de opinião e de vontade dos cidadãos mundiais, chamados periodicamente a participar em eleições. Porém, há argumentos empíricos que contrariam a expetativa de alargamento à escala global de uma solidariedade entre os cidadãos ainda inconsistente([128]). Por exemplo, a atenção da opinião pública mundial – apesar dos impulsos do trabalho de organizações não governamentais em todo o mundo – não se concentra senão pontualmente num ou noutro grande acontecimento, sem se consolidar estruturalmente. No entanto, o ceticismo não diz respeito apenas à limitação da capacidade de desempenho

---

([128]) Patrizia Nanz/Jens Steffek, «Zivilgesellschaftliche Partizipation und die Demokratisierung internationalen Regierens», in Peter Niesen/Benjamin Herborth, *Anarchie der kommunikativen Freiheit*, *ibidem*, pp. 87-110. Pelo contrário, a análise de Michael Zürn, «Vier Modelle einer globalen Ordnung in kosmopolitischer Absicht», in *Politische Vierteljahresschrift* 1/2011, pp. 78-118, sobretudo pp. 100 ss., apresenta uma perspetiva encorajadora.

de uma opinião pública mundial que está, de facto, a emergir e na qual já Kant depositava as suas esperanças cosmopolitas. Esta questão suscita *também* a dúvida comunitarista acerca da possibilidade da transnacionalização da soberania do povo, dúvida essa com alguma razão de ser no que diz respeito ao nível global, uma vez que, neste, a ligação dos cidadãos do mundo, através dos círculos de comunicação da opinião pública mundial, *deixou de estar* inserida *no contexto de uma cultura política comum.* O alargamento transnacional da solidariedade entre cidadãos, com o qual ainda podemos contar no caso de uma União de cidadãos e Estados *limitada territorialmente* e marcada por experiências históricas comuns, cai, em certa medida, no vazio quando se espera que esta solidariedade assuma um formato mundial.

Qualquer comunidade política – seja qual for a sua dimensão e o grau de pluralismo – pode distinguir-se do mundo que a rodeia através da referência a uma cultura política partilhada intersubjetivamente. Por isso, as eleições democráticas são o resultado da formação de uma opinião e uma vontade praticada em conjunto na qual, normalmente, a auto-referência ao «nós» está inscrita numa comunidade particular, *porque limitada.* A eleição para um Parlamento mundial seria o único processo deste tipo *completamente inclusivo* no qual os temas de *autodemarcação e da autoafirmação* teriam de desaparecer. Nas campanhas eleitorais políticas cruzam--se questões que tocam um *ethos* comum – por exemplo, o nível de segurança das centrais nucleares ou o nível de exigência que os sistemas de ensino, de saúde ou de transportes devem satisfazer, e que, implicitamente, também incluem sempre um momento de autoafirmação. Ora, a totalidade das gerações atuais de uma humanidade disseminada pelo mundo partilhará, certamente, interesses abstratos no que diz respeito a bens básicos, necessários para a sobrevivência (por exemplo, a preservação dos equilíbrios ecológicos e dos recursos naturais, ou o impedimento de uma contaminação nuclear generalizada). Porém, os cidadãos do mundo não constituem um coletivo que se mantivesse unido pelo interesse político na *autoafirmação* de uma forma de vida constitutiva da identidade. Por isso, esses interesses de sobrevivência abstratos só adquiririam um *caráter político* se perdessem o seu caráter abstrato e se entrassem em concorrência com outros interesses de outras formas de vida, no contexto de determinada forma de vida.

Mas será que isso se aplica também aos dois interesses cuja proteção é da responsabilidade da comunidade cosmopolita? A situação não é diferente quando se trata do interesse em impedir a guerra e a violência e em implementar direitos fundamentais? Não se trata, nestes casos, de interesses *a fortiori* «gerais», de tal medida «despolitizados» que são «partilhados» pela população mundial, apesar de todas as diferenças político-culturais – e, em caso da sua violação, avaliados exclusivamente de um ponto de vista *moral* único? Todos nós conhecemos por natureza situações quotidianas nas quais nos sentimos obrigados – sem qualquer conotação de autoafirmação – a sermos solidários com estranhos, com tudo aquilo que tem rosto humano. Só este universo moral de todas as pessoas que agem com responsabilidade – o «reino dos fins», de Kant – é completamente inclusivo: não exclui ninguém. A injustiça cometida contra *qualquer* pessoa, o sofrimento infligido a *qualquer* pessoa, exacerba a nossa sensibilidade moral, provoca-nos indignação moral ou estimula-nos a prestar ajuda. Estes sentimentos alimentam juízos morais que podem ser justificados racionalmente, se a adopção recíproca de perspetivas levar a uma perceção suficientemente descentralizada do conflito e à igual consideração de todos os interesses afetados.

Por outro lado, quando falamos das tarefas das Nações Unidas, não nos referimos simplesmente à moral, mas sim ao direito e à política. O direito tem de intervir onde é necessária uma divisão de trabalho moral, porque não bastam juízos e motivações individuais[129]. No entanto, o interessante é que é precisamente nas áreas políticas às quais se devem limitar as Nações Unidas, portanto, áreas com proibição da violência e os direitos humanos, que são utilizadas normas jurídicas especiais – nomeadamente, aquelas para cuja justificação *bastam razões morais*. Independentemente da sua forma jurídica, estes direitos subjetivos prioritários possuem um conteúdo exclusivamente moral, uma vez que os direitos humanos descrevem precisamente a parte da moral universalista que pode ser traduzida em instrumento de direito coercivo[130]. Está assim explicada *a natureza mais jurídica de que política* das decisões que, de acordo com as nossas conceções, seriam tomadas no âmbito de umas Nações Unidas reformadas. O Parlamento mundial debateria as condições de fundo para a justiça global e o Conselho de Segurança tomaria decisões de longo alcance, mas, em grande parte, passíveis de julgamento em tribunal, controladas por tribunais.

---

[129] Jürgen Habermas, *Faktizität und Geltung*, Frankfurt am Main, Shurkamp 1992, pp. 135 ss.
[130] Sobre esta questão, cf. o meu artigo «O conceito de dignidade humana e a utopia realista dos direitos humanos» nesta obra (pp. 27-57).

Esta limitação a matérias de natureza jurídica e fundamentalmente moral resulta, felizmente, numa deflação dos requisitos aplicáveis à legitimação da organização mundial, uma vez que os respetivos princípios de justiça distributiva, assim como as obrigações negativas de omitir crimes contra a humanidade passíveis de julgamento em tribunal e as guerras de agressão estão consagrados no núcleo moral de todas as grandes religiões mundiais e das culturas marcadas pelas mesmas. Estas normas, que se conhecem intuitivamente, permitem a qualquer cidadão do mundo um juízo moralmente informado sobre o trabalho dos organismos da organização mundial, uma vez que estes têm de justificar as suas decisões com base em critérios adequados à situação e elaborados num trabalho jurídico preciso. A *necessidade de legitimação* é de tal maneira *reduzida* que não é necessário esperar dos cidadãos do mundo uma formação de vontade coletiva no sentido político propriamente dito. As eleições para o Parlamento mundial apenas exprimiriam o «sim» ou «não», com um fundamento essencialmente moral, em relação à aplicação supranacional de princípios e normas morais *presumivelmente partilhados*.

Em resumo, no que diz respeito ao nível global, no qual a organização mundial agirá, é possível reter o seguinte: a cadeia de legitimação poderia ser ininterrupta desde os Estados nacionais, passando por regimes regionais, como a União Europeia, até ao nível da organização mundial, se admitirmos que:

– a comunidade *internacional* seja *alargada*, transformando-se numa comunidade *cosmopolita*, através de uma representação dos *cidadãos do mundo* baseada em eleições;

- as competências das Nações Unidas se *limitem* às tarefas centrais de manutenção de uma ordem de conteúdo moral e de natureza essencialmente jurídica e que
- o nexo de comunicação, que é criado, por exemplo, através de meios digitais, e que transcende opiniões públicas nacionais porosas seja suficiente para permitir a todas as populações um juízo fundamentado sobre o conteúdo moral central das decisões tomadas ao nível das Nações Unidas.

(2) Contudo, a cadeia de legitimação aqui descrita limita-se apenas às tarefas da organização mundial *relevantes do ponto de vista da segurança*. A libertação das Nações Unidas das questões da política interna mundial, no sentido mais restrito da palavra, especialmente das questões *relevantes do ponto de vista de distribuição*, tem um lado negativo. No nosso projeto, os compromissos que os atores com capacidade para agir a nível global (nomeadamente, os «de nascença» e as «potências mundiais» que se erigiram de forma construtiva, através de uma união supranacional e que são totalmente representativos para a sociedade mundial) devem negociar *a nível transnacional* opõem-se a uma juridicização democrática no estilo da União Europeia enquanto o respetivo sistema de negociação se basear apenas em tratados de direito internacional. Segundo o direito internacional clássico, os governos, em questões de política externa, possuem a prerrogativa da conclusão dos tratados internacionais que estão muito menos sujeitos à codecisão e à legitimação democrática do que a política interna controlada pelos parlamentos([131]).

([131]) Cf. Christoph Möllers, «Demokratische Ebenengliederung», *ibidem*, pp. 155 ss.

À primeira vista, esta legitimação, fraca – quando muito, indireta –, também caracteriza a política interna mundial que deve ser negociada a nível transnacional. No entanto, se a cadeia de legitimação democrática se interrompesse neste ponto, o projeto proposto não poderia cumprir a sua pretensão à unidade de uma ordem jurídica global niveladora do limiar entre o direito internacional e o direito do Estado.

A fraqueza, em comparação com uma União Europeia completamente formada, resulta do facto de se esperar que a política interna a nível mundial fique entregue às negociações entre *atores globais* – sem uma participação direta do Parlamento mundial – e não ser assumida – em analogia com o *«processo legislativo* ordinário» – *por Estados e cidadãos do mundo representados no Parlamento*. No entanto, no nosso modelo, as relações transnacionais entre os *atores globais*, aos quais seria confiada a política interna a nível mundial, também não ficariam, de maneira alguma, intactas do ponto de vista do direito internacional tradicional, uma vez que o essencial do projeto proposto consiste, precisamente, na distribuição em *dois campos políticos diferentes* do processo político situado fora dos Estados e das uniões dos Estados e na *respetiva ramificação das cadeias de legitimação*. Por conseguinte, as tarefas da política global de segurança e dos direitos humanos cabem nas competências de uma organização mundial cuja composição permite, *grosso modo*, a satisfação das reduzidas necessidades de legitimação existentes nos seus domínios políticos. As tarefas da política interna mundial no que diz respeito à distribuição não fazem parte deste sistema hierárquico de competências; são desviadas para um sistema de negociação transnacional cujas decisões possuiriam uma legitimação mais fraca, mas não seriam entregues, *exclusivamente*, ao jogo da dinâmica internacional do poder.

Mesmo este processo político enviesado, de certo modo, no sentido horizontal, também deve ficar *inserido no contexto da sociedade mundial constituída* e isto não só porque a organização mundial supervisionaria o equilíbrio de poder real – e a representação adequada de todos os Estados – no organismo de negociação transnacional. Existem duas outras razões mais importantes para tal. Primeiro, as negociações transnacionais seriam sustentadas *pelos mesmos* atores, que teriam de disponibilizar as suas forças armadas, a nível global, para a política de paz e dos direitos humanos em cuja definição participaram e cooperaram e que, portanto, teriam de se compreender a si mesmos como membros da comunidade cosmopolita. Por isso – e esta é a segunda razão –, seria tanto mais provável que as negociações transnacionais decorressem dentro do corredor das normas mínimas que o Parlamento mundial adaptaria permanentemente, à luz do grau dos deveres de proteção traçado pelos direitos humanos.

No entanto, estes argumentos não são suficientes para preencher completamente a lacuna da responsabilidade parlamentar na cadeia da juridicização democrática da futura política interna mundial. A lacuna em si explica-se pelo facto histórico de não ser possível cumprir, por enquanto, o requisito exigente da existência de «condições de vida uniformes» em todo o mundo. Porém, esta circunstância deve ser avaliada em termos políticos e não exclusivamente morais, desde que a organização mundial envolva a dimensão temporal e a política interna mundial assuma o compromisso de *criar, a médio prazo*, uma ordem mundial mais justa do ponto de vista social. Não há sensibilidade moral que não se oponha à injustiça monstruosa de uma sociedade mundial altamente estratificada, na qual existem desigualdades insuportáveis na distribuição dos próprios bens de primeira necessidade e das oportunidades de vida[132]. No entanto, um projeto de uma ordem mundial tão futurista, que visa a civilização do exercício do poder político, tem de ter em conta que não é possível eliminar *de um dia para outro* os anacronismos históricos dos desenvolvimentos regionais e o consequente desnível socioeconómico entre as *multiple modernities*.

Assistimos hoje a uma deslocação económica do peso na política mundial que, no ano de 2008, em plena crise financeira, impôs o alargamento do clube das nações mais industrializadas, transformando-o no grupo do G20. A este passo, há muito necessário, deveriam acabar por se associar – por pressão constante e destrutiva dos mercados financeiros – esforços de construção de instituições e de criação de processos que permitiriam lidar com os problemas inevitáveis de uma futura política interna mundial. Não faltam padrões morais à luz dos quais podemos avaliar, hoje, as estruturas económicas e sociais dominantes e que nos permitem confrontar as instituições existentes e as práticas habituais com exigências de maior «justiça global»[133].

No entanto, um debate filosófico inconsequente sobre o tema da justiça só ganharia relevância política se pudesse ocorrer não só nos meios académicos, mas também no âmbito de um Parlamento mundial que, uma vez composto por Estados e cidadãos, *pudesse ter em conta*

---

[132] David Held/Ayse Kaya (orgs.), *Global Inequality. Patterns and Explanations*, Cambridge, Polity Press 2007.

[133] Thomas Pogge (org.), *Global Justice*, Oxford, Blackwell 2011; Amartya Sen, *A Ideia de Justiça*, Coimbra, Almedina 2010.

o factor tempo relevante para a justiça. Então – e tal como já acontece, hoje, na UE –, ocorreria uma aproximação entre as perspetivas acerca da justiça dos dois sujeitos constitucionais – os critérios igualitários dos cidadãos do mundo e os critérios conservadores dos Estados-Membros, que têm sido distintos, até agora, de acordo com o seu nível do desenvolvimento – na comunidade mundial (embora noutros horizontes temporais), na sequência de uma aproximação real das condições de vida.

ANEXO

A EUROPA DA REPÚBLICA FEDERAL DA ALEMANHA

A entrevista com Thomas Assheuer ocorreu após a bancarrota do Lehman Brothers e poucos dias antes da eleição, aguardada e acompanhada de grandes esperanças, de Barack Obama para Presidente dos Estados Unidos. Nesta entrevista, já são ventilados alguns dos temas apresentados agora no meu *Ensaio sobre a Constituição da Europa*. Quando a crise financeira rebentou, Angela Merkel e Peer Steinbrück opuseram-se, num encontro decisivo, em Paris, à exigência de Nicolas Sarkozy e de Jean-Claude Juncker de um procedimento europeu comum dos países da União Monetária Europeia. Esta atitude já anunciava claramente o modelo de reação baseado numa abordagem exclusivamente nacional.

O artigo que se segue à entrevista e que foi publicado no jornal *Die Zeit* foi escrito em reação àquela reunião noturna histórica ocorrida de 7 para 8 de Maio de 2010, na qual Angela Merkel foi enrolada na onda dos mercados financeiros. Ela não compreendeu as proporções entre a ajuda inevitável à Grécia excessivamente endividada e a consideração oportunista dos joguinhos da política interna (das eleições, de qualquer modo perdidas, para o Parlamento do estado federado da Renânia do Norte-Vestefália) e, após longas semanas de hesitação, teve de se submeter, cabisbaixa, aos imperativos cada vez mais dispendiosos do mercado. Naquela altura, apercebi-me, pela primeira vez, da possibilidade real de um fracasso do projeto europeu.

Por fim, a coincidência ocasional da aprovação, em Bruxelas, de um «Pacto para a Europa» e a derrota do Governo da CDU (União Democrata-Cristã) e do FDP (Partido Liberal Alemão) do estado federado de Baden--Vurtemberga constituíram ocasião para uma intervenção publicada no *Süddeutsche Zeitung*, na qual confrontei a governação cinzenta do Conselho Europeu, à porta fechada, com o êxito democrático de um movimento social sonoro e abrangente. Com efeito, a enorme importância da viragem silenciosa na política europeia, na altura, passou despercebida por detrás da mudança espetacular do Governo federal alemão no domínio da política nuclear. O Governo federal alemão abandonou a crença da política económica na eficácia infalível dos «mecanismos» automáticos, dando início à mudança de curso para um intergovernamentalismo dos chefes do euro-clube, que atuam nos bastidores.

I
DEPOIS DA BANCARROTA.
UMA ENTREVISTA

DIE ZEIT: Professor Habermas, o sistema financeiro internacional ruiu, estamos à beira de uma crise económica mundial. Qual é a sua maior preocupação?

JÜRGEN HABERMAS: A minha maior preocupação é a injustiça social, que brada aos céus, e que consiste no facto de os custos socializados do falhanço do sistema atingirem com maior dureza os grupos sociais mais vulneráveis. Agora, exige-se da massa daqueles que nem sequer fazem parte dos vencedores da globalização que paguem, mais uma vez, as consequências de uma disfunção previsível do sistema financeiro para a economia real. E não podem fazê-lo em valores monetários, como os titulares de acções, mas na sim moeda forte da sua existência quotidiana. Este destino punitivo também se concretiza a nível global, atingindo os países mais fracos do ponto de vista económico. Este é que é o escândalo político. Mas considero uma hipocrisia apontar agora o dedo aos bodes expiatórios. Os especuladores também tiverem um comportamento consequente no quadro das leis, seguindo a lógica reconhecida socialmente da maximização dos lucros. A política torna-se ridícula quando assume uma posição moralista, em vez de se apoiar no direito coercivo do legislador democrático. Quem é responsável pela orientação para o bem comum é a política e não o capitalismo.

ZEIT: O senhor Professor acabou de dar uma série de palestras na Universidade de Yale. Quais foram, para si, as imagens mais impressionantes desta crise?

HABERMAS: Os ecrãs mostravam a melancolia hopperiana das longas filas de casas abandonadas na Florida e noutros lugares – com a placa «Foreclosure» [execução de hipoteca] nos jardins da frente. Depois, viam--se os autocarros com curiosos potenciais compradores europeus e com ricos da América Latina e o agente imobiliário que lhes mostrava armários no quarto de dormir, destruídos num momento de raiva e de desespero. Após o meu regresso, fiquei surpreendido com o grande contraste entre o ambiente agitado nos EUA e o ambiente de *business as usual* aqui na Alemanha. Nos EUA, ansiedades económicas muitíssimo reais coincidiram com o calor da fase final de uma das campanhas eleitorais mais importantes. A crise também tornou mais conscientes os interesses pessoais de vastas camadas de eleitores. Obrigou as pessoas a tomarem decisões que, não sendo necessariamente mais razoáveis, pelo menos eram mais racionais – pelo menos em comparação com as últimas eleições presidenciais que haviam sido polarizadas ideologicamente pelo 11 de Setembro. Graças a esta feliz coincidência, a América terá o seu primeiro Presidente negro – arrisco-me a prever este resultado pouco tempo antes das eleições –, pelo que vive um corte histórico profundo na história da sua cultura política. Mas, além disso, a crise também poderia anunciar uma mudança do clima político na Europa.

ZEIT: O que quer dizer com isso?

HABERMAS: Estas mudanças de maré alteram os parâmetros do debate público e, portanto, o espetro das alternativas políticas consideradas possíveis. A Guerra da Correia marcou o fim do *New Deal*; Reagan, Thatcher e o abrandamento da Guerra Fria marcaram o fim da era dos programas do Estado social. Hoje, com o fim da era Bush e com o rebentamento das últimas bolhas retóricas neoliberais, os programas de Clinton e dos Novos Trabalhistas também chegaram ao fim. O que se seguirá? Espero que se deixe de acreditar na agenda neoliberal e que esta seja suspensa. É preciso sujeitar a escrutínio todo o programa de submissão desenfreada do mundo da vida aos imperativos do mercado.

ZEIT: Para os neoliberais, o Estado é apenas um parceiro no campo económico. Ele deve diminuir-se a si próprio. Este pensamento ficou desacreditado agora?

HABERMAS: Depende do rumo que a crise tomar, assim como da capacidade de perceção dos partidos políticos, dos temas da agenda pública. De qualquer modo, na República Federal da Alemanha continua a dominar uma estranha calma. Desacreditada ficou a agenda que atribui uma prioridade impiedosa aos interesses dos investidores, que aceita com indiferença a desigualdade social crescente, o surgimento de um grupo social em situação de precariedade, de pobreza infantil, salários baixos, etc., que, com o seu delírio de privatizações, esvazia as funções fundamentais do Estado, vende o que reste de deliberação na esfera pública a investidores financeiros que maximizam os lucros, que faz depender a cultura e a educação dos interesses e caprichos de financiadores que dependem das conjunturas económicas.

ZEIT: E, agora, na crise financeira, as consequências da loucura das privatizações estão a tornar-se visíveis?

HABERMAS: Nos EUA, a crise agrava os danos materiais e morais, sociais e culturais já visíveis de uma política de retração do Estado levada ao extremo pela administração Bush. A privatização do regime de pensões e dos cuidados de saúde, dos transportes públicos, do abastecimento de energia, do sistema penal, dos serviços de segurança militares, de vastos setores da educação escolar e universitária e a entrega da infraestrutura cultural das cidades e comunidades ao empenho e à generosidade de financiadores privados fazem parte de um desenho social cujos riscos e consequências são dificilmente conciliáveis com os princípios igualitários de um Estado de direito social e democrático.

ZEIT: As burocracias estatais não conseguem, pura e simplesmente, ter uma gestão rentável.

HABERMAS: Mas existem domínios da vida que são vulneráveis, que não podemos expor aos riscos da especulação bolsista. A mudança do regime de pensões para o sistema acionista contraria este princípio. No Estado constitucional democrático também existem bens públicos, por exemplo, uma comunicação política não distorcida, que não podem ser adaptados às expetativas de lucro dos investidores financeiros. A necessidade de informação aos cidadãos não pode ser satisfeita pela cultura de *slogans* facilmente digeríveis que floresce numa paisagem mediática dominada pela televisão privada.

ZEIT: Estamos confrontados com uma «crise de legitimação do capitalismo», para citar um livro controverso da sua autoria?

HABERMAS: Deste 1989/90, tornou-se impossível sair do universo do capitalismo; resta-nos civilizar e domesticar a dinâmica capitalista a partir de dentro.

Durante o período pós-guerra, a União Soviética já não representava uma alternativa para a maioria da Esquerda da Europa Ocidental. Por isso é que, em 1973, falei de problemas de legitimação «no» capitalismo. E estes problemas voltaram a impor-se na agenda, com maior ou menor urgência, em função do contexto nacional. Um sintoma disso mesmo são as exigências de uma limitação dos salários dos gestores ou de abolição dos «paraquedas dourados», isto é, de indemnizações inenarráveis e de pagamentos de bónus.

ZEIT: Mas isso é uma política para «mostrar». No próximo ano, haverá eleições.

HABERMAS: É verdade, trata-se, naturalmente, de uma política simbólica, apropriada para desviar a atenção do fracasso dos políticos e dos seus conselheiros económicos. Há muito que eles estavam cientes da necessidade de regulamentação dos mercados financeiros. Acabei de voltar a ler o artigo muitíssimo claro que Helmut Schmidt escreveu em Fevereiro de 2007, intitulado «Controlem os novos megaespeculadores!» (publicado em *Die Zeit*, n.º 6/2007). Todos sabiam o que estava a acontecer. Mas, na América e na Grã-Bretanha, as elites políticas consideraram a especulação desenfreada útil, enquanto as coisas corriam bem. E o continente europeu submeteu-se ao Consenso de Washington. Também aqui houve uma ampla coligação de voluntários à qual o senhor Rumsfeld não precisou de fazer publicidade.

ZEIT: O Consenso de Washington foi o mal-afamado plano económico do FMI e do Banco Mundial, do ano de 1990, com o qual era suposto reformar economicamente, primeiro, a América Latina e, depois, metade do mundo. A sua mensagem central era a seguinte: «*trickle down*». Deixem os ricos tornar-se mais ricos e, depois, a riqueza chegará aos pobres.

HABERMAS: Há anos que se acumulam provas que demonstram que este prognóstico é errado. Os efeitos do aumento da riqueza são distribuídos de forma tão assimétrica, tanto a nível nacional como mundial, que as zonas de pobreza cresceram diante dos nossos olhos.

ZEIT: Confrontemo-nos um pouco com o passado: por que razão é a riqueza distribuída de forma tão desigual? Desinibiu o fim da ameaça comunista o capitalismo ocidental?

HABERMAS: O capitalismo dominado pelos Estados nacionais e pelas políticas económica keynesianas – que, em última análise, proporcionou aos países da OCDE níveis de prosperidade sem precedentes na história – terminou um pouco antes, com o abandono do sistema de taxas de câmbio fixas e a crise do petróleo. A teoria económica da Escola de Chicago já adquiriu influência prática com Reagan e Thatcher. Esta situação só se prolongou com Clinton e o New Labour – também durante o período ministerial de Gordon Brown, o nosso herói mais recente. No entanto, o colapso da União Soviética provocou um triunfalismo fatal no Ocidente. O sentimento de que a história do mundo nos deu razão tem um efeito sedutor. Neste caso, contribuiu para transformar uma teoria da economia política numa visão do mundo que penetra todos os domínio da vida.

ZEIT: O neoliberalismo é uma forma de vida. Espera-se que todos os cidadãos se tornem empresários e clientes...

HABERMAS: ... e concorrentes. O mais forte, que se impõe na liberdade total da sociedade da concorrência, pode reivindicar este sucesso como seu mérito pessoal. É profundamente engraçado os gestores – e não só eles – caírem na armadilha da retórica elitista absurda dos nossos *talk-shows*, deixando-se aclamar com toda a seriedade como modelos e colocando-se mentalmente acima do resto da sociedade. Como se não conseguissem distinguir entre elites funcionais e elites com um estatuto atribuído, como nas sociedades do início da Idade Moderna. Por favor, o que é assim tão admirável no caráter de gente em cargos de liderança que faz o seu trabalho de forma mais ou menos competente? Um outro sinal de alarme foi a doutrina de Bush, de Outono de 2002, que preparou a invasão do Iraque. O potencial de darwinismo social do fundamentalismo de mercado, entretanto, revelou-se não só na política social, mas também na política externa.

ZEIT: Mas não foi só o Bush. Ele foi apoiado por uma quantidade impressionante de intelectuais influentes.

HABERMAS: E muitos não aprenderam nada, entretanto. No caso de pensadores neoconservadores relevantes, como Robert Kagan, o pensamento em termos predadores, à maneira de Carl Schmitt, tornou-se ainda mais claro depois do desastre no Iraque. Ele comenta o retrocesso atual da política internacional a uma luta de poderes, cada vez mais desenfreada, e com armamento nuclear, com as seguintes palavras: «O mundo regressou à normalidade».

ZEIT: Mas voltemos atrás: o que correu mal após 1989? O capital tornou-se demasiado poderoso face à política?

HABERMAS: Para mim, tornou-se claro, ao longo dos anos noventa, que as capacidades políticas de ação têm de aumentar de forma a acompanhar os mercados a nível supranacional. No início dos anos noventa, parecia que era isto que ia acontecer. George Bush pai fazia discursos programáticos sobre uma nova ordem mundial e parecia que queria recorrer às Nações Unidas, há muito bloqueadas – e ridicularizadas. De início, o número de intervenções humanitárias aprovadas pelo Conselho de Segurança aumentou consideravelmente. À globalização económica desejada politicamente deveria seguir-se uma coordenação política a nível global e uma maior juridicização das relações internacionais. No entanto, os primeiros esforços ambivalentes perderam ímpeto já com Clinton. A crise atual volta a tornar-nos cientes deste défice. Desde o início da Idade Moderna que foi necessário encontrar repetidamente o equilíbrio entre mercado e política, para evitar o rompimento da rede de relações de solidariedade entre os membros de comunidades políticas. Continuará sempre a existir uma tensão entre o capitalismo e a democracia, uma vez que o mercado e a política se baseiam em princípios contrários. O fluxo de escolhas individuais descentralizadas no âmbito de redes mais complexas exige regulamentações, mesmo após a última fase da globalização, que não podem existir sem um alargamento subsequente dos procedimentos políticos da generalização dos interesses.

ZEIT: O que significa isto? O senhor Professor continua a insistir no cosmopolitismo de Kant e a defender a ideia de Carl Friedrich von Weiszäcker de uma política interna mundial. Desculpe, mas isto parece um pouco ilusório. Basta ver a situação em que as Nações Unidas se encontram.

HABERMAS: A reforma profunda das principais instituições das Nações Unidas não seria suficiente. É verdade que o Conselho de Segurança, o Secretariado, os tribunais, as competências e os procedimentos destas instituições, em geral, têm de ser preparados com urgência para uma implementação global da interdição da violência e para os direitos humanos – e esta, em si, é já uma tarefa enorme. No entanto, mesmo que fosse possível desenvolver a Carta da Nações Unidas tornando-a uma espécie de constituição da comunidade internacional, continuaria a faltar um fórum, neste quadro, no qual a política de poder armado das potências mundiais se possa transformar em negociações institucionalizadas sobre os problemas da economia global que exigem regulamentação, sobre a política climática e ambiental, sobre a distribuição dos recursos energéticos disputados, sobre as escassas reservas de água potável, etc. A este nível transnacional surgem problemas de distribuição que não podem ser resolvidos, como as violações dos direitos humanos ou as infrações à segurança internacional – em última análise, como infrações suscetíveis de ação penal –, mas têm de ser objecto de negociação política.

ZEIT: Mas já existe uma instituição para lidar com estes problemas: o G8.

HABERMAS: Aquilo é um clube exclusivo, no qual são debatidas algumas destas questões, sem qualquer compromisso. Aliás, existe uma discrepância reveladora entre as expetativas exageradas associadas a estes eventos e os magros resultados destes espetáculos mediáticos sem quaisquer consequências. O peso ilusório das expetativas mostra que as populações estão bem cientes – talvez ainda mais cientes de que os seus governos – dos problemas não resolvidos de uma futura política interna mundial.

ZEIT: O discurso da «política interna mundial» soa mais a sonho de um visionário.

HABERMAS: Há poucos dias, a maioria das pessoas teria considerado irrealista o que está a acontecer atualmente: os governos europeus e asiáticos competem uns com os outros na apresentação de propostas de regulamentação, para resolver a institucionalização deficiente dos mercados financeiros. O SPD (Partido Social-Democrata Alemão) e a CDU (União Democrata--Cristã) também estão a apresentar propostas relativas a regras contabilísticas e ao rácio de adequação de fundos próprios, bem como propostas para a responsabilização pessoal dos gestores, à melhoria da transparência, à supervisão das bolsas, etc. Fala-se pouco, como é óbvio, de uma taxa sobre transações na bolsa, o que já constituiria um passo na direção de uma política fiscal global. De qualquer modo, não será fácil implementar a nova «arquitetura do sistema financeiro», anunciada com pompa e circunstância, contra a resistência dos Estados Unidos. Mas, seria esta, sequer, suficiente, face à complexidade destes mercados e à interdependência mundial dos sistemas funcionais mais importantes? Os tratados internacionais que os partidos têm atualmente em mente podem ser revogados a qualquer momento. Eles não podem constituir a base para um regime resistente às intempéries.

ZEIT: Mesmo que fossem transferidas novas competências para o Fundo Monetário Internacional, isso ainda não seria uma política interna mundial.

HABERMAS: Não quero fazer previsões. Face aos problemas que se colocam, na melhor da hipóteses, podemos fazer reflexões construtivas. Os Estados nacionais deveriam entender-se a si próprios, cada vez mais, como membros da comunidade internacional – até no seu próprio interesse. Esta é a tarefa mais difícil a resolver nas próximas décadas. Quando falamos de «política» olhando para este palco, pensamos frequentemente nas ações de governos que herdaram a consciência de atores colectivos que tomam decisões soberanas. No entanto, esta consciência do Estado, tal como se encontra no Leviatã, e que se desenvolveu desde o século XVII juntamente com o sistema europeu de Estados, já foi interrompida. A substância e a composição daquilo a que, ontem, chamávamos «política» está a mudar diariamente.

ZEIT: Mas como é isto compatível com o darwinismo social que, segundo as suas palavras, voltou a afirmar-se na política mundial desde o 11 de Setembro?

HABERMAS: Talvez seja necessário recuarmos um pouco e olharmos para um contexto mais amplo. O direito e a lei penetraram, desde finais do século XVIII, no poder governamental constituído politicamente e retiraram-lhe o caráter substancial de uma mera «força» no domínio interno. No entanto, nas suas relações externas, ele preservou esta substância suficientemente, apesar do crescimento da rede de organizações internacionais e da força cada vez mais vinculativa do direito internacional. Apesar disso, o conceito do «político», marcado pelos Estados nacionais, está permanente a mudar. Na União Europeia, por exemplo, os Estados-Membros continuam a deter o monopólio da violência, enquanto implementam, mais ou menos sem discussão, leis aprovadas a nível supranacional. Esta transformação do direito e da política também está associada a uma dinâmica capitalista que pode ser descrita como uma interação entre uma abertura forçada por razões funcionais e um fechamento integrativo do ponto de vista social, a um nível superior.

ZEIT: O mercado força a abertura da sociedade e o Estado social volta a fechá-la?

HABERMAS: O Estado social é uma conquista tardia e, como estamos a ver atualmente, frágil. Os mercados em expansão e as redes de comunicação possuíram sempre uma força explosiva que individualizou e, simultaneamente, libertou os cidadãos como indivíduos; mas a estas fases seguiu-se sempre uma reorganização das antigas relações de solidariedade num quadro institucional mais amplo. Este processo começou no início da Idade Moderna, quando as classes dominantes da Alta Idade Média foram progressivamente parlamentarizadas, como, por exemplo, na Inglaterra, ou mediatizadas por monarcas absolutos, como aconteceu em França. O processo continuou na sequência das revoluções constitucionais do século XVIII e XIX e da legislação relativa ao Estado social do século XX. Esta domesticação jurídica do Leviatã e do antagonismo de classes não foi nada fácil. No entanto, esta constitucionalização bem-sucedida do Estado e da sociedade aponta, hoje, pelas mesmas razões funcionais, e após mais uma fase de globalização económica, no sentido da constitucionalização do direito internacional e da sociedade mundial dividida.

ZEIT: Que papel desempenha a Europa neste cenário optimista?

HABERMAS: Um papel diferente daquele que desempenhou, de facto, na crise. Não compreendo muito bem por que razão se elogia tanto a gestão da crise da União Europeia. Gordon Brown, com uma decisão memorável, conseguiu levar Paulson, o ministro das Finanças americano, a uma reinterpretação do resgate aprovado laboriosamente, porque, graças à mediação do Presidente francês e contra a resistência inicial de Angela Merkel e do ministro das Finanças Peer Steinbrück, envolveu os atores mais importantes da zona euro. Basta analisar mais atentamente este processo de negociação e os seus resultados. Foram os três Estados nacionais mais poderosos, unidos na UE, que, enquanto atores soberanos, acordaram a coordenação de medidas diferentes, mas que apontavam todas no mesmo sentido. Apesar da presença dos senhores Juncker e Barroso, a forma como este acordo internacional clássico foi conseguido não tem nada a ver com a formação de uma vontade política comum da União Europeia. Na altura, o *New York Times* registou, não sem alguma malícia, a incapacidade europeia de chegar a acordo quanto a uma política económica comum.

ZEIT: A que se deve, na sua opinião, esta incapacidade?

HABERMAS: A evolução da crise está a revelar o defeito da construção europeia: cada país reage com as suas próprias medidas de política económica. Como as competências na União são distribuídas – dito de forma simplificada – de tal maneira que Bruxelas e o Tribunal de Justiça Europeu implementam as liberdades económicas, enquanto que os custos externos daí resultantes são transferidos para os Estados-Membros, não existe, atualmente, qualquer formação de vontade comum em matéria de política económica. Os Estados-Membros mais importantes estão divididos mesmo no que diz respeito aos princípios que determinam quanto Estado e quanto mercado é sequer desejável. Além disso, cada

Estado possui uma política externa própria, a começar pela Alemanha. A República de Berlim, apesar de toda a sua suave diplomacia, está a esquecer-se das lições que a antiga República Federal tirou da história. O governo está a usufruir do alargamento do espaço de manobra na política externa que ganhou desde 1989/90, reincidindo em modelos conhecidos de jogos nacionais de poder entre Estados que ficaram, há muito, reduzidos ao formato de principados.

ZEIT: E o que deveriam fazer estes príncipes?

HABERMAS: Está a perguntar-me qual a minha lista de desejos? Uma vez que, na situação atual, considero a integração progressiva o único caminho possível para chegar a uma União Europeia operacional, a proposta de Sarkozy relativa a um governo económico da zona euro pode servir como um ponto de partida. Isto não significa que deveríamos aceitar os pressupostos estaticistas e as intenções protecionistas do autor da proposta. Procedimentos e resultados políticos são duas coisas distintas. A «cooperação mais estreita» no domínio da política económica deveria ser acompanhada de uma «cooperação mais estreita» na política externa. E nem uma coisa nem outra deveria ser concretizada através de negociatas nas costas das populações.

ZEIT: Nem sequer o SPD apoia estas ideias.

HABERMAS: A liderança do SPD está a deixar que seja o democrata-cristão Jürgen Rüttgers, o «líder dos trabalhadores» da região do Reno e do Ruhr, a pensar neste sentido. Os partidos social-democratas estão encostados à parede em toda a Europa, porque são obrigados a jogar jogos de soma zero, com apostas que estão a baixar. Por que razão não aproveitam a oportunidade para sair das suas gaiolas nacionais e ganhar novos espaços de manobra a nível europeu? Deste modo, podiam perfilar-se, também, contra a concorrência regressiva da Esquerda. Seja qual for o significado de «esquerda» ou «direita», a única forma de os países da zona euro poderem ganhar um peso suficiente na política mundial para poderem exercer uma influência razoável sobre a agenda da economia mundial é unindo-se. Caso contrário, vão ser *poodles* do Tio Sam, entregando-se à mercê de uma situação tão perigosa quanto caótica.

ZEIT: Falando do Tio Sam – deve estar profundamente desapontado com os EUA. Para si, os EUA eram a força motriz da nova ordem mundial.

HABERMAS: Temos alguma alternativa à aposta neste cavalo? Os EUA sairão enfraquecidos da atual dupla crise. Mas, por enquanto, continuarão a ser a superpotência liberal e encontram-se numa situação que os encoraja a proceder a uma revisão profunda da sua forma neoconservadora de se compreender a si mesmos como o benfeitor global numa perspetiva paternalista. A exportação para todo o mundo da sua própria forma de vida teve origem no modelo de universalismo – errado e centralizado – dos velhos impérios. Pelo contrário, a modernidade alimenta-se do universalismo descentralizado do igual respeito por todos. É do interesse dos próprios Estados Unidos não só abandonar a sua posição contraproducente em relação às Nações Unidas, mas também assumir a liderança do movimento reformista. Numa perspetiva histórica, a coincidência de quatro factores – estatuto de superpotência, a democracia mais antiga no mundo, o início, segundo espero, do mandato de um Presidente liberal e visionário e uma cultura política na qual as orientações normativas têm uma ressonância impressionante – proporciona uma constelação improvável. A América está, hoje, profundamente insegura devido ao fracasso da aventura unilateralista, à autodestruição do neoliberalismo e ao abuso das sua consciência excecionalista. Por que razão não haveria esta nação, tal como aconteceu frequentemente no passado, recompor-se e tentar integrar atempadamente as grandes potências concorrentes de hoje – as potências mundiais de amanhã – numa ordem internacional que não necessitará mais de uma superpotência? Por que razão não haveria um Presidente que, ao sair de umas eleições históricas, descobre que o seu espaço de manobra a nível interno é mínimo, de querer aproveitar esta oportunidade razoável, esta oportunidade da razão, pelo menos, na política externa?

ZEIT: Os chamados realistas limitar-se-iam a reagir às suas afirmações com um sorriso enfadado.

HABERMAS: Eu sei que há muitos factores que contrariam estas ideias. O novo Presidente americano teria de ultrapassar a resistência das elites dependentes de Wall Street que existe no seu próprio partido; também seria, sem dúvida, necessário impedi-lo de cair nos reflexos de um novo protecionismo. Além disso, os Estados Unidos precisariam do apoio amigável de um aliado leal, mas autoconfiante, para conseguir esta mudança de direção tão radical. É óbvio que só poderá existir um Ocidente «bipolar», no sentido positivo da palavra, se a UE aprender a falar a uma só voz na política externa e a utilizar o seu capital de confiança acumulado a nível internacional para agir, ela própria, com clarividência. O «Sim, mas...» é óbvio. Em época de crise talvez seja mais necessária uma perspetiva um pouco mais ampla de que o conselho do *mainstream* e as pequenas manobras que visam, simplesmente, safar-se da situação.

II

NO EURO DECIDE-SE O DESTINO DA UNIÃO EUROPEIA

Dias decisivos: o Ocidente festeja no dia 8, e a Rússia no dia 9 de maio, a vitória sobre a Alemanha nacional-socialista – no nosso país, a linguagem oficial também utiliza a expressão «dias da libertação». Este ano, os exércitos dos Aliados que participaram na guerra contra a Alemanha (incluindo uma unidade polaca) marcharam em conjunto no desfile da vitória. Angela Merkel esteve ao lado de Putin na Praça Vermelha. A sua presença corroborou o espírito de uma «nova» Alemanha: as gerações alemãs pós-guerra não esqueceram que também foram libertados pelo Exército russo, com grandes sacrifícios para este.

A Chanceler veio de Bruxelas, onde, num papel completamente diferente, assistiu a uma derrota de tipo totalmente diferente. A imagem daquela conferência de imprensa na qual foi anunciada a decisão dos chefes de Governo da UE relativa a um fundo de resgate comum, destinado a salvar o euro enfraquecido, revela a mentalidade tensa, não da nova Alemanha, mas da Alemanha atual. A fotografia agreste capta os rostos petrificados de Merkel e Sarkozy – chefes de Governo esgotados, que já não tinham nada a dizer um ao outro. Tornar-se-á esta fotografia um documento iconográfico do fracasso de uma visão que marcou durante meio século a história pós-guerra na Europa? Enquanto que, em Moscovo, Merkel ficou na sombra da tradição da antiga República Federal da Alemanha, em Bruxelas, nesse dia 8 de maio, tinha passado por várias semanas de luta como uma duríssima representante de interesses nacionais do Estado-Membro mais forte do ponto de vista económico. Ao apelar ao exemplo da disciplina orçamental alemã, Merkel bloqueou uma ação conjunta da União que teria apoiado atempadamente a solvabilidade da Grécia contra uma especulação que visava a bancarrota do Estado. Declarações de intenções sem qualquer efeito impediram uma ação preventiva conjunta. A Grécia como caso isolado.

Foi só após o choque mais recente nas bolsas que a Chanceler cedeu, muda, domada pela influência psicológica coletiva por parte do Presidente dos Estados Unidos, do Fundo Monetário Internacional e do Banco Central Europeu. O medo das armas de destruição maciça da imprensa tabloide pareceu levá-la a esquecer a força das armas de destruição maciça dos mercados financeiros. Ela não queria, de maneira alguma, uma zona euro acerca da qual o Presidente da Comissão Europeia, Durão Barroso, viria a dizer nos dias subsequentes que quem não quer a unificação em termos de política económica, também tem de esquecer a união monetária.

A cesura

Entretanto, todos os envolvidos começaram a compreender o alcance da decisão tomada em Bruxelas, no dia 8 de maio de 2010. Não nos podemos deixar enganar pela nova linguagem metafórica alemã, na qual construímos, permanentemente, mecanismos de emergência e preparamos pacotes de emergência: as medidas de emergência para salvar o euro, tomadas à pressa, têm consequências diferentes das de todos os outros resgates anteriores. A Comissão está a contrair, agora, os créditos no mercado, em nome da União Europeia no seu todo, pelo que este «mecanismo de crise» constitui um «instrumento comunitário» que altera a base operacional da União Europeia.

O facto de, a partir de agora, os contribuintes da zona euro assumirem conjuntamente a responsabilidade pelos riscos orçamentais dos outros Estados-Membros significa uma mudança de paradigma, o que faz com que tenhamos consciência de um problema há muito recalcado. A crise financeira, que se transformou numa crise do Estado, lembra-nos o defeito de nascença de uma União Política que ficou a meio caminho. O Mercado Comum, com uma moeda parcialmente comum, surgiu num espaço económico de dimensão continental e com uma população enorme, sem que tivessem sido criadas competências a nível europeu que permitissem uma coordenação eficaz das políticas económicas dos Estados-Membros.

Hoje em dia, já ninguém pode rejeitar como disparatada a exigência do Presidente do FMI relativa a um «governo económico europeu». Os modelos de uma política económica «que respeita as regras» e de uma gestão orçamental «disciplinada», conforme as disposições do Pacto de Estabilidade, não satisfazem a exigência de uma adaptação flexível a constelações políticas em rápida mudança. É necessário consolidar os orçamentos nacionais, como é óbvio. No entanto, não estão só em causa as «batotas» gregas e as «ilusões de riqueza» espanholas: também está em causa uma uniformização dos níveis de desenvolvimento dentro de uma área monetária com economias nacionais heterogéneas.

O Pacto de Estabilidade que a própria França e Alemanha tiveram de suspender em 2005 transformou-se num fetiche. O reforço das sanções não será suficiente para equilibrar as consequências indesejadas de uma assimetria desejada entre a unificação económica completa da Europa e uma unificação política incompleta.

Até a redação do caderno de economia do *Frankufter Allgemeinen Zeitung* considera «a união monetária numa encruzilhada». No entanto, ao traçar um cenário de horror, a redação do jornal só incita à nostalgia pelo marco alemão, contra os «países de moeda fraca», enquanto uma Chanceler flexível afirma, subitamente, que os europeus têm de «criar uma interligação mais forte em termos económicos e financeiros». Mas não se vê qualquer vestígio de consciência de uma cesura. Uns encobrem o nexo causal entre a crise do euro e a crise bancária e atribuem o desastre exclusivamente à falta de disciplina orçamental. Outros esforçam-se ao máximo para minimizar o problema da necessidade de coordenação necessária entre as políticas económicas nacionais, transformando-o numa questão de melhor gestão.

A Comissão Europeia pretende que o fundo de emergência destinado à salvação do euro, cuja existência é limitada, se transforme num fundo permanente; além disso, pretende analisar antecipadamente os orçamentos nacionais – antes da apresentação dos mesmos aos Parlamentos nacionais. Não que as propostas sejam pouco razoáveis. O que é vergonhoso é a sugestão de que esta interferência da Comissão no direito orçamental dos Parlamentos não afetaria os Tratados e não aumentaria escandalosamente o défice democrático, há muito existente. A coordenação eficaz das políticas económicas exige um reforço das competências do Parlamento de Estrasburgo; ela suscitará a necessidade de uma melhor coordenação também noutros campos políticos.

Os países da zona euro aproximam-se da alternativa entre um aprofundamento da cooperação europeia e o abandono do euro. Não se trata de uma «fiscalização recíproca das políticas económicas» (Trichet), mas de uma ação comum. E a política alemã está mal preparada para tal.

Mudança das gerações e nova indiferença

Depois do Holocausto, foram necessários esforços de várias décadas para conseguir o regresso da República Federal da Alemanha ao círculo das nações civilizadas – desde o tempo de Adenauer e Heinemann, passando pelo período de Brandt e Helmut Schmidt, até Weizsäcker e Kohl. Não bastou a inteligência tática de Genscher e uma orientação oportunista para o Ocidente. Foi necessária uma mudança da mentalidade muitíssimo mais trabalhosa por parte de grande parte da população. O que fez com que os nossos vizinhos europeus assumissem uma atitude conciliadora foi, antes de mais, a alteração das convicções normativas e a abertura ao mundo das gerações alemãs mais jovens. É óbvio que as convicções credíveis dos políticos no ativo à altura foram determinantes na ação diplomática.

O interesse manifesto dos Alemães numa unificação europeia pacífica não era, em si, suficiente para diminuir a desconfiança, baseada na experiência histórica, que existia em relação a eles. Parecia que os Alemães que viviam na Alemanha Ocidental tinham de aceitar a divisão nacional. A memória dos seus excessos nacionalistas não devia tornar-lhes difícil desistirem da recuperação de direitos de soberania, assumir o papel do maior contribuinte líquido na Europa e, se necessário, fazer concessões à partida que, de qualquer modo, traziam benefícios para a República Federal da Alemanha. Para ser convincente, o empenho alemão teve de ser consagrado em termos normativos. Jean-Claude Juncker descreveu bem a prova de esforço quando, referindo-se ao cálculo frio de interesses por parte de Angela Merkel, afirmou que sente a falta da prontidão para «correr riscos na política interna, em prol da Europa».

A nova inflexibilidade alemã tem raízes mais profundas. A reunificação já tinha alterado a perspetiva de uma Alemanha que se tornou maior e que estava ocupada com os seus próprios problemas. O mais importante foi a rotura das mentalidades que surgiu após Helmut Kohl. À exceção de Joschka Fischer, que se cansou demasiado depressa, desde o início do mandato de Gerhard Schröder que governa uma geração desarmada em termos normativos que permite que uma sociedade cada vez mais complexa lhe imponha uma aproximação efémera aos problemas que surgem diariamente. Consciente da diminuição do espaço de manobra político, esta geração abdica de objetivos e intenções políticas, para não falar de um projeto como a unificação da Europa.

Hoje, as elites alemãs gozam de uma normalidade nacional que redescobriram. Ao fim de um «longo caminho para o Ocidente», adquiriram o seu certificado de maturidade democrática e podem voltar a ser «tal como os outros». Desapareceu a disponibilidade nervosa de um povo vencido, também do ponto de vista moral, e forçado à autocrítica, para encontrar o seu caminho mais rapidamente na constelação pós-nacional. Num mundo globalizado, todos têm de aprender a incluir as perspetivas dos outros na sua própria perspetiva, em vez de se retirar para a mistura egocêntrica da esteticização com a otimização dos benefícios. Um sintoma político da diminuição da capacidade de aprendizagem está nos acórdãos do Tribunal Constitucional Federal sobre os Tratados de Maastricht e de Lisboa, que ficam presos a conceções de soberania baseadas num dogmatismo jurídico ultrapassado. A mentalidade circular e sem pretensões normativas de um colosso virado para si próprio, no meio da Europa, nem sequer garante que a União Europeia fique salvaguardada no seu *status quo* vacilante.

Consciência menos aguda da crise

A mudança de mentalidade não constitui razão para censura; mas a nova indiferença tem consequências para a perceção política dos desafios atuais. Com efeito, quem está realmente disposto a tirar aquelas lições da crise bancária – e lutar por elas – que a cimeira do G20, em Londres, registou, em declarações de intenções muito bonitas?

Ninguém pode equivocar-se no que diz respeito à vontade da maioria das populações relativamente à possibilidade de moderar um capitalismo financeiro que se tornou selvagem. No Outono de 2008, ocorreu pela primeira vez na história do capitalismo uma situação na qual só foi possível salvar do colapso a coluna vertebral do sistema económico mundial, movido pelos mercados financeiros, graças às garantias dos contribuintes. E o facto de o capitalismo ter deixado de se poder reproduzir por força própria fixou-se, desde então, na consciência de cidadãos que têm de responder, enquanto tal, pelo «falhanço do sistema».

As exigências dos peritos estão na mesa. Fala-se do aumento do capital próprio dos bancos, de maior transparência para a atividade dos fundos de investimento («hedge funds»), de melhorar o controlo das bolsas e das agências de notação de risco, da proibição dos instrumentos de especulação, criativos mas prejudiciais para as economias, de um imposto sobre transações financeiras, de uma taxa sobre os bancos, da separação entre bancos de investimento e bancos comerciais, do desmantelamento, por precaução, dos grupos bancários que são «demasiado grandes para se deixar falir».

O rosto de Josef Ackermann, o arguto e principal lobista do sector bancário, refletiu algum nervosismo quando Maybrit Illner lhe deu a escolher pelo menos alguns destes «instrumentos de tortura» do legislador.

Não que a regulamentação dos mercados financeiros fosse uma coisa simples. Ela requer, certamente, também o conhecimento especializado dos banqueiros mais astutos. Mas as boas intenções fracassam menos devido à «complexidade dos mercados» do que ao desânimo e à falta de independência dos governos nacionais. Elas fracassam por causa da desistência antecipada de uma cooperação internacional que visa o desenvolvimento das capacidades de ação política em falta – a nível mundial, na União Europeia e, antes de mais, na zona euro. Os cambistas e especuladores, em matéria de ajuda à Grécia, acreditam mais no derrotismo espertalhão de Ackermann do que na aprovação tesa de Merkel ao fundo de emergência para o euro; não acreditam, realisticamente, que os países da zona euro sejam capazes de cooperar de forma determinada. Poder-se-ia esperar outra coisa de uma associação que gasta as suas energias em lutas de galos pela nomeação das figuras mais cinzentas para os seus cargos mais influentes?

Em tempos de crise, até as pessoas podem fazer história. As nossas fracas elites políticas, que preferem seguir os títulos do jornal *Bild*, não podem desculpar--se argumentando que seriam as populações a opor-se a uma unificação europeia mais profunda. Elas sabem melhor de que ninguém que a opinião das pessoas registada pelas sondagens não equivale ao resultado de uma vontade democrática dos cidadãos formada com base na deliberação. Até à data, não houve em nenhum país uma única eleição europeia ou um único referendo nos quais se decidisse sobre outros temas e questões que não temas e questões nacionais. E isto para não falar sequer das vistas curtas dos membros da esquerda (e não estou a pensar apenas no partido Die Linke [A Esquerda]) que limitam o horizonte ao Estado nacional. Nenhum dos partidos políticos tentou, até agora, formar politicamente a opinião pública através de um esclarecimento incisivo. Um pouco de integridade política permitiria que a crise da moeda única trouxesse aquilo que alguns esperavam de uma política externa europeia comum: a consciência, que ultrapassa fronteiras nacionais, de partilhar um destino europeu comum.

III

UM PACTO PARA OU CONTRA A EUROPA?

A última semana de março foi dominada por dois grandes acontecimentos políticos. A perda do poder dos partidos do Governo no estado federado que constitui a base de origem da CDU decidiu o abandono rápido da energia nuclear; dois dias antes, o Conselho Europeu havia associado as suas decisões sobre a estabilização da moeda única a uma iniciativa relativa à coordenação, há muito necessária, das políticas económicas nos Estados-Membros que fazem parte da zona euro.

No entanto, o peso deste impulso de integração política passou quase despercebido ao público, uma vez que os dois acontecimentos constituem um contraste notável noutro aspectos. Em Baden-Vurtemberga, um movimento social muda radicalmente, após quarenta anos de protestos da sociedade civil, uma mentalidade inflexível, na qual as elites pró-industriais podiam confiar até à data. Em Bruxelas, após um ano de especulação contra o euro, é aprovado, à porta fechada, um pacote de medidas relativas a uma «governação em termos de política económica» sobre cujas consequências se debruçarão sobretudo juristas, economistas e politólogos. De um lado, está a mudança de mentalidade, conquistada, a partir das bases, numa luta de longo prazo e, do outro lado, um impulso de integração na cooperação dos governos nacionais, forçado a curto prazo pelos mercados financeiros.

A viragem em matéria de política energética, preparada ao longo de década, em termos políticos, a um público que apresentava argumentos sonoros, constitui uma rotura. Mas aplica-se esta afirmação também à mudança da política – negociada entre os peritos, perdida nos cadernos de economia da imprensa e quase silenciosa – no sentido de uma harmonização mais intensa de políticas que cabem nas competências nacionais, segundo o Tratado Europeu? Qual é o problema? E pode este problema ser sequer resolvido através de um acordo entre os chefes de Governo dos Estados-Membros afetados?

O erro de construção da União Monetária

Não vou tratar da questão técnico-financeira de saber se o mecanismo de estabilidade acordado em Bruxelas e que, no ano de 2013, substituirá o fundo de emergência acordado em maio de 2010, porá fim à especulação contra o euro. O mais importante é a questão política do erro de construção da União Monetária para o qual a especulação dos mercados financeiros abriu, agora, os olhos de *todos*. Quando o euro foi introduzido, no ano de 1999, alguns ainda tinham esperança de que o processo *político* de unificação prosseguisse. Outros defensores do euro acreditavam no manual ordoliberal que acredita mais na constituição económica do que na democracia. Eles pensavam que o respeito de regras simples seria suficiente para uma consolidação dos orçamentos de Estado capaz de levar a uma harmonização (medida pelo critério dos custos unitários) do desenvolvimento económico dos diversos Estados.

Estas duas expetativas foram frustradas de forma dramática. A sequência rápida das crises financeira, da dívida e do euro revelou o erro na construção de um espaço económico e monetário enorme ao qual faltam, no entanto, os instrumentos para uma política económica comum. Estes constrangimentos forçaram eurocéticos como Angela Merkel a dar, contra vontade, um passo no sentido da integração. Agora, espera-se que o erro seja eliminado no caminho informal da «coordenação aberta». Esta solução de emergência, do ponto de vista dos atores, tem a vantagem de não provocar sobressaltos. Por outro lado – caso funcione, sequer –, tem consequências antidemocráticas e é propensa a atiçar ressentimentos mútuos dos diversos Estados-Membros. Os chefes de Governo comprometeram-se a implementar nos seus respetivos países um catálogo de medidas a nível da política financeira, económica, social e salarial que, na realidade, seriam da competência dos Parlamentos nacionais (ou dos parceiros sociais). As recomendações refletem um modelo político que tem a marca alemã. Não quero sequer falar da sabedoria do ponto de vista da política económica da austeridade imposta, que poderá levar a uma deflação duradoira e contraproducente na periferia. Concentro-me no processo: os chefes de Governo querem observar-se uns aos outros todos os anos, para verificar se os colegas ajustaram a dívida, a idade de reforma e a liberalização do mercado de trabalho, o sistema de segurança social e de saúde, os salários no sector público, a percentagem de salários, o IRC e muitas outras coisas, às «instruções» do Conselho Europeu.

Método errado

O carácter não vinculativo do ponto de vista jurídico do pré-acordo intergovernamental sobre políticas que afetam competências fundamentais dos Estados-Membros e dos seus Parlamentos coloca um dilema. Se as recomendações relativas à governação económica ficarem sem efeito, os problemas que estas devem resolver mantêm-se. Mas, se os Governos coordenarem realmente as suas medidas da forma pretendida, têm de «conseguir» a legitimação necessária nos seus países. Porém, este procedimento tem de criar um *claro-escuro* de pressão suave vinda de cima e uma acomodação involuntariamente voluntária a partir de baixo. O que significa o direito da Comissão a analisar «atempadamente», portanto, antes da decisão dos Parlamentos, os orçamentos dos Estados-Membros, senão a arrogância de criar um precedente eficaz?

Por baixo deste manto cinzento, os Parlamentos nacionais (e, eventualmente, os sindicatos) não podem fugir à suspeita de se limitarem a aprovar obedientemente, isto é, concretizar as decisões prévias tomadas noutro lugar. Esta suspeita tem, necessariamente, de corroer qualquer credibilidade democrática. O palavreado de uma coordenação cujo estatuto jurídico permanece propositadamente pouco claro não é suficiente para regulamentos que exigem uma ação comum da União. Estas decisões têm de ser legitimadas através dos *dois* caminhos previstos para as decisões da União – não só indiretamente, através dos governos representados no Conselho, mas também diretamente, através do Parlamento Europeu. Caso contrário, a conhecida dinâmica centrífuga do apontar o dedo a «Bruxelas» será reforçada – o método errado atua como uma bactéria.

Enquanto os cidadãos europeus continuarem a encarar os seus Governos nacionais apenas como atores no palco europeu, os processos de decisão serão considerados jogos de soma zero nos quais os próprios participantes têm de se impor uns contra outros.

Os heróis nacionais enfrentam «os outros», que são culpados de tudo aquilo que o monstro Bruxelas nos impõe e exige de nós. A única coisa que poderia permitir aos cidadãos europeus perceber as tarefas da governação económica como tarefas que têm de ser resolvidas em conjunto seria voltar-se para o Parlamento em Estrasburgo, já que estes é constituído por representantes dos partidos, e não das nações.

Qual é a alternativa?

Uma alternativa exigente seria a Comissão assumir estas tarefas, cumprindo-as através do percurso democrático de um «processo legislativo ordinário», portanto, com aprovação do Conselho e do Parlamento. Tal exigiria, contudo, uma transferência das competências dos Estados-Membros para a União e por enquanto uma alteração tão profunda do Tratado parece irrealista. É provável que, *em determinadas circunstâncias,* as populações cansadas da Europa rejeitassem mais transferências de direitos de soberania mesmo que fosse na área fundamental da União. Mas esta previsão é demasiado cómoda quando serve às elites políticas para se desresponsabilizarem da situação miserável da União. É estranho que a ampla aprovação da unificação europeia, que perdura há décadas, tenha diminuído consideravelmente na própria Alemanha. O processo de unificação europeia, que foi, desde sempre, concretizado ignorando a população, está hoje num beco sem saída, uma vez que não pode prosseguir sem que haja uma alteração do modo administrativo habitual até à data para uma participação mais forte da população. Em vez disso, as elites políticas enterram a cabeça na areia, prosseguindo, impassíveis, o seu projeto de elites e a interdição dos cidadãos europeus à participação. Gostaria de apresentar apenas três razões para este atrevimento.

A redescoberta do Estado nacional alemão

A unificação nacional desencadeou uma mudança de mentalidade na Alemanha que (como comprovam estudos na área da ciência política) atingiu também a compreensão de si mesma e a orientação da política externa alemã, alterando-a no sentido de uma maior concentração sobre si mesma. A altivez de uma «potência média», apoiada no poder militar e que age como ator no palco da política mundial, tem crescido progressivamente desde os anos noventa. Esta compreensão de si mesma suprime a cultura de moderação, conservada até à data, de uma potência civil que queria, sobretudo, dar um contributo para a juridicização do sistema de concorrência desenfreada entre Estados. Esta viragem também é patente na política europeia, sobretudo desde a mudança de Governo, em 2005. A noção de Genscher da «vocação europeia» de uma Alemanha cooperante transforma-se, cada vez mais, numa clara pretensão de liderança por parte de uma «Alemanha europeia numa Europa marcada pelos Alemães». Não é que a unificação da Europa não tenha sido desde o início do interesse da Alemanha. Mas a consciência de uma herança histórico-moral comprometedora sugeria moderação diplomática e disponibilidade para adotar também as perspetivas dos outros, atribuir peso a pontos de vista normativos e, por vezes, minimizar conflitos, através de concessões preliminares. Para Angela Merkel, isto ainda pode ter alguma importância nas relações com Israel. Mas a prioridade das preocupações nacionais nunca se manifestou com tanta clareza como na resistência robusta de uma Chanceler que, antes da sua derrota desastrosa no dia 8 de maio de 2010, bloqueou durante semanas a ajuda europeia à Grécia e o mecanismo de emergência para salvar o euro. Além disso, o pacote atual foi preparado pelo «menino exemplar» da política económica com uma falta de sensibilidade tal que, no momento oportuno, os países vizinhos deixarão de apontar o dedo a «Bruxelas», para o apontar ao modelo político «alemão», cuja imposição não querem aceitar. De resto, o acórdão antieuropeu do Tribunal Constitucional Federal relativo ao Tratado de Lisboa, que se opõe a futuros esforços de integração com uma determinação arbitrária de competências nacionais imutáveis, apresentando-se como o guardião da identidade de Estados nacionais, condiz com a mudança de mentalidade na nova Alemanha. Os constitucionalistas comentaram acertadamente o acórdão sob o título sarcástico «O Tribunal Constitucional alemão diz Sim à Alemanha».

Oportunismo comandado pelas sondagens

A nova normalidade alemã não explica o facto de, até à data, não se terem realizado quaisquer eleições europeias ou referendos em qualquer Estado-Membro nos quais se tivesse decidido sobre algo que não fossem temas e questões nacionais. Os partidos políticos evitam falar sobre questões impopulares, como é óbvio. Por um lado, isto é trivial, uma vez que o objectivo dos partido tem de ser ganhar as eleições. Por outro lado, a razão pela qual as eleições europeias são dominadas, há décadas, por temas e pessoas acerca das quais, nessas mesmas eleições, não pode sequer ser tomada uma decisão, não é de maneira alguma trivial. O facto de os cidadãos estarem enganados quanto à relevância daquilo que acontece em Estrasburgo e Bruxelas, lugares que, em termos subjetivos, são afastados, justifica efetivamente uma dívida que os partidos políticos têm para com os cidadãos, mas à qual fogem teimosamente.

A política, em geral, parece estar a passar atualmente por uma situação marcada pela renúncia a uma perspetiva e vontade criadora. A complexidade crescente das matérias que necessitam de regulamentação obriga a reações apressadas em espaços de manobra cada vez menores. Os políticos, que parecem ter adotado a perspetiva reveladora da teoria dos sistemas, seguem, despudorados, o argumento oportunista de uma pragmática do poder guiada pelas sondagens que se desfez de todos os compromissos normativos. A moratória de Merkel sobre a energia nuclear constitui apenas o exemplo mais vistoso disso mesmo. E não foi Guttenberg, mas a própria chefe de Governo (segundo afirmações no *Frankfurter Allgemeine Zeitung*) que «levou metade da República e quase toda a CDU a mentir», mantendo no cargo, dada a sua popularidade, o plagiador cuja culpa foi provada publicamente. Fazendo um cálculo frio, vendeu o entendimento dos cargos públicos habitual num Estado de direito por algumas moedas de prata que, depois, não conseguiu obter nas urnas eleitorais. O grande desfile militar para homenagear o ministro demissionário confirmou a normalidade desta prática.

Este comportamento baseia-se numa compreensão da democracia que o *New York Times*, após a reeleição de Georg W. Bush, resumiu na expressão *post-truth democracy*. O processo democrático perde o seu sentido quando a política faz depender toda a sua ação da concordância com estados de espírito momentâneos por parte da população, aos quais se procura adaptar, tagarelando entre eleições. As eleições democráticas não servem simplesmente para reproduzir um espectro de opiniões surgidas naturalmente; pelo contrário, elas devem reproduzir o resultado de um processo público de formação da opinião. Os votos recolhidos nas urnas só adquirem o seu peso institucional de codecisão democrática se forem associados às opiniões articuladas publicamente que se *formaram* na troca comunicativa de posições, informações e razões relacionadas com temas relevantes. Por isso, a Lei Fundamental privilegia os partidos que, segundo o artigo 21.º, «participam na formação da vontade política do povo». A União Europeia também não poderá assumir um carácter democrático enquanto os partidos políticos evitarem, por medo, *abrir sequer a discussão sobre o tema* das alternativas a decisões de grande alcance.

O desconforto causado pela classe político-mediática

Os meios de comunicação social também deram o seu contributo para uma transformação lamentável da política. Por um lado, os políticos deixam-se levar pela pressão suave dos meios de comunicação social a autoencenações de curto prazo. Por outro, a própria programação dos meios de comunicação social deixa-se infetar pela precipitação deste ocasionalismo. Os moderadores bem-dispostos dos muitos *talk-shows* criam, com o seu pessoal, que é sempre igual, uma papa de opiniões que tira a esperança, mesmo ao último espectador, de poderem ainda existir *razões importantes* em temas políticos. O Clube de Imprensa, emitido na ARD, por vezes mostra que também é possível fazer outro tipo de programas. A nossa imprensa de qualidade, se não estou enganado, não é nada má, quando comparada a nível internacional, mas mesmo estes meios de comunicação social mais importantes não são imunes ao facto de haver uma *mistura* entre a classe jornalística e a classe política – e ainda se orgulham desta investidura! Um exemplo disso mesmo é o aplauso surpreendente por parte de um semanário «liberal» de qualidade à Chanceler, quando esta «berlusconisou» a cultura política do país no caso Guttenberg(*). Além disso, a imprensa que faz comentários, se quer criar um contrapeso em relação a uma política sem perspetivas, não deve deixar que os seus temas sejam determinados pelo ritmo dos acontecimentos quotidianos. Por exemplo, trata a solução da crise do euro como um tema económico altamente especializado; depois, quando as redações políticas se dignam, em grandes intervalos, a abordar novamente as consequência da crise para a transformação da União Europeia no seu todo, falta-lhe um enquadramento.

A redescoberta do Estado nacional alemão, o novo modo de uma política que navega à vista, sem qual-

---

(*) Angela Merkel tentou, a todo o custo, proteger e manter como ministro da Defesa Karl-Theodor zu Guttenberg, apesar do escândalo causado pela descoberta de que o doutoramento deste último era parcialmente plagiado. Segundo a comunicação alemã, Angela Merkel tê-lo-ia protegido dada a sua popularidade em certos setores. Guttenberg acabou por se demitir e o título de doutor foi-lhe retirado (*N. T.*).

quer orientação, e a fusão da classe político-jornalística podem constituir razões para a política perder o fôlego para um projeto tão grande como a unificação da Europa. Mas talvez o olhar para cima, para as elites políticas e os meios de comunicação social, vá na direção completamente errada. Talvez as motivações ainda inexistentes só possam ser criadas a partir de baixo, da sociedade civil. O abandono da energia nuclear constitui um exemplo de que as evidências político-culturais e, portanto, os parâmetros da discussão pública não mudam sem o trabalho subversivo e persistente de movimentos sociais.

De onde deverão vir os motivos?

Não se vislumbra um movimento social a favor da Europa. Em vez disso, observamos algo diferente – um enfado com a política cujas causas são pouco claras. Os diagnósticos habituais atribuem o mal-estar a especificidades pessoais e caraterísticas do estilo das celebradas figuras de substituição e de oposição. Diz-se que muitos cidadãos apreciam no recém-chegado Gauck o perfil rude de uma história de vida na resistência, no comunicador Guttenberg, a eloquência e o brilho da forma elegante de se apresentar, e no moderador Geißler, o caráter áspero de um espertalhão simpático – tudo isto são especificidades coloridas que faltam aos administradores honestos da rotina política. Mas esta exaltação antipolítica daquilo que está acima dos partidos poderia constituir também uma válvula de escape para um tédio completamente diferente – o tédio face a uma *exigência* política *insuficiente*.

Dantes, era possível classificar as políticas dos Governos federais a partir de uma perspetiva compreensível:

Adenauer foi associado à ligação ao Ocidente, Brandt à política de aproximação à Europa de Leste e ao terceiro Mundo, Schmidt relativizou o destino da pequena Europa do ponto de vista da economia mundial e Helmut Kohl quis integrar a unificação nacional na unificação europeia. Todos pretendiam algo! Schröder já reagiu mais de que criou; mesmo assim, Joschka Fischer quis alcançar uma decisão pelo menos sobre a *finalité*, sobre a direção da unificação europeia. A partir de 2005, os contornos diluíram-se completamente. Já não é possível reconhecer o que está em causa, se está sequer em causa algo mais do que o próximo sucesso eleitoral. Os cidadãos sentem que uma política sem núcleo normativo lhes *oculta* algo. Este défice manifesta-se tanto no abandono da política organizada, como naquela nova disposição da base para protestar, expressa no código «Stuttgart 21»(*). Para alguns partidos políticos, ainda poderia valer a pena arregaçar as mangas, para lutar ofensivamente nas ruas pela unificação europeia.

A situação não se resolve com a renúncia a «grandes» projetos. A comunidade internacional não pode fugir às alterações climáticas, aos riscos mundiais da tecnologia nuclear, à necessidade da regulação do capitalismo movido pelos mercados financeiros ou à implementação dos direitos humanos a nível internacional. E a tarefa que temos de resolver na Europa quase que parece simples, quando comparada com a magnitude destes problemas.

(*) «Stuttgart 21» consiste num projeto de desenvolvimento dos transportes na cidade com o mesmo nome que tem sido objeto de continuados protestos por parte de setores da população. Estes contestam o projeto do ponto de vista dos seus custos, mas também das alterações ao património cultural da cidade nele implicadas (*N. T.*).

REFERÊNCIAS

O artigo «O conceito de dignidade humana e a utopia realista dos direitos humanos» (*Das Konzept der Menschenwürde und die realistische Utopie der Menschenrechte*) foi publicado na revista *Deutsche Zeitschrift für Philosophie* (58/2010, pp. 343-357) e a versão abreviada do mesmo (com o título *Das utopische Gefälle*) em *Blättern für deutsche und internationale Politik* (8/2010, pp. 43-53). O artigo voltou a ser revisto pelo autor antes da sua publicação neste volume.

«Depois da bancarrota» (*Nach dem Bankrott*), a entrevista que Jürgen Habermas deu a Thomas Assheuer, foi publicada no dia 6 de novembro de 2008 no semanário *Die Zeit* (p. 53).

O artigo «No euro decide-se o destino da União Europeia» *(Am Euro entscheidet sich das Schicksal der Europäischen Union)* foi publicado com o título *Wir brauchen Europa! Die neue Hartlebigkeit: Ist uns die gemeinsame Zukunft schon gleichgültig geworden?* no *Die Zeit* (p. 47), do dia 20 de maio de 2010.

«Um pacto para ou contra a Europa?» (*Ein Pakt für oder gegen Europa?*) foi publicado no *Süddeutsche Zeitung* (p. 11), no dia 7 de abril de 2011, com o subtítulo *An Gründen für eine Gemeinschaft fehlt es nicht, wohl aber an einem politischen Willen – und an Verantwortung.*